Contenido

Introducción 7
El Mago, los Reyes y los Seres Vivientes 11

PRIMERA PARTE:
La disciplina: un asunto de Familia. 17

La Dictadura Benévola 19
Su Matrimonio es Primero 22
Padres Independientes:
¿Padre y Madre a la Vez? 24
Respeto para su Hijo:
Un criterio diferente 26
Los "Estrictos" 27
El Sonido de una Mano que Aplaude. 29
¡Porque lo Mando Yo! 32
Los juegos Psicológicos en que Participan
los Padres 33
Me Odia-No me Odia. 34
¿Qué significa "Justo"?. 36
Defensa de las Diferencias entre Papá y
Mamá: Inconsistencia 38
Preocupación: El Juego del Futuro 40
Premios, Recompensas e Incentivos. 41
Castigo Indoloro 44

SEGUNDA PARTE:
Solamente una etapa pasajera. 47

Desde el Nacimiento hasta los Ocho Meses 49
La Depresión Después del Parto 53
¿Puede "malcriarse" al Bebé? 55
El Sueño del Bebé 56
De los Ocho a los Dieciocho Meses:
Su Diminuto Explorador 58
¿Mamitis Aguda? 59
El Pequeño Aprendiz de Hechicero 61
Los Corralitos 65
¡Cuidado! ¡El Nene Muerde! 68
De los Dieciocho a los Treinta y Seis Meses:
Los Terribles (Espléndidos) Dos Años 69
¡Soy un "YO"! 70
¡No te Vayas! ¡No me Dejes! 73
Las Raíces de los Celos y la Rivalidad 74
El Nene: ¿Convertido en *Prima Donna*? 77
Agresión Infantil 78
La Unica Persona que Conoce la Paciencia:
Usela 81
El Síndrome de Drácula 82
Los Berrinches 84
La Tragedia de Irse a la Cama 86
Einstein no abrió la boca hasta los tres años 90
El Mundo Maravilloso de los Tres Años 91
La Canción del ¡Ay, ay, ay...! 92
Los Temores 93
El Desarrollo Intelectual 96
Amigos Imaginarios 97
Kid Torpeza: Se cáe, Tira, Tartamudea
y Tropieza con las paredes 98
Desarrollo Social 100

Mentiras 104
¡Es mío! 106
¡Juega Conmigo!. 108
Los Pequeños de Cuatro y Cinco años. 109
"Si me lo Enseñas, yo También..." 110
Desarrollo Moral 113
Todos Odiamos los Discursos:
Su Hijo También 113
De los Seis a los Once Años. 116
Niños Super-Sensibles 118
El Niño "Víctima" de la Escuela o la Colonia 119
Un Demonio en Casa ... Un Angel en la Escuela 121
Mensualidades y "Domingos" 124
De los Once a los Catorce Años: Pre-Adolescencia 125
Lista de Odios: El Adolescente Misántropo 130
Conserve Ambas Manos Sobre el Volante 131

TERCERA PARTE:
Pipí, Popó y La Lucha por el Poder 135

No pregunte: ¡Ordene! 139
Y Sigue La Lucha por el Poder 141
Pipí en la Cama 142
Un Lugar Para Hacer Berrinches 145
Cabezazos 148
Berrinches Destructivos 151
La Hora de Acostarse: También es Benéfica
para los Padres. 156
¡Hay Monstruos en la Obscuridad!. 159
¡Mi Hijo no Quiere Comer! 161
El Comelón Compulsivo 163
La Cobijita Chupable. 165

El Chupa-Dedo 167
¿Disciplinar en Lugares Públicos? 169
Cómo Sobrevivir a un Viaje con los Niños. 171
El (o La) Payasito del Grupo. 173
El Loco Maratón Matutino 175
Un Buen Remedio para los Desordenados 177
El Terror de Perros y Gatos. 179
Pistolas y Rifles de Diábolos 181
Los Pegoncitos :Dos Puntos de Vista 182
¡Te lo Apuesto! 184
El Primogénito que Exige Atención. 186
El Niño (a) Chismoso 187
Malas Palabras 189
Los Mentirositos 191
¿Padres o Réferis?. 194
¡Santo Dios! ¡Gemelos! 196
Hogares Divididos 198
Padre de Fin de Semana 200
Hijos Adoptados 203

CUARTA PARTE
Temas y Niños Especiales 207

Televisión 209
Los Juguetes 216
Problemas de Aprendizaje 219
Los Hiperactivos 223
Dietas Especiales para Niños Hiperactivos. 227
Los Super-Dotados y los Talentosos 230

Epílogo 241
Bibliografía 245

Introducción

Este libro surgió durante la mañana del 22 de junio de 1969. En el momento en que el primer rayo de sol iluminó el cielo invernal, mi primogénito anunció su llegada.

Yo tenía veintiún años y una madurez emocional como de diecisiete. Willie, mi esposa, que tenía una madurez emocional como de veinte años, había cumplido diecinueve. Llamamos a nuestro hijo Eric Brian, porque esos nombres nos daban la impresión de que transmitían un sentimiento de fuerza y audacia. Estábamos convencidos de que el niño estaba destinado a la más elevada grandeza. Esos nombres de Eric Brian significaban lo menos que podíamos hacer para ayudarle en su camino hacia las alturas.

En aquella época, iniciaba la licenciatura en psicología. Sí, el padre de Eric Brian se convertiría en psicólogo. Casi pronosticaría el futuro, leería el pensamiento y habría de conocer la respuesta a cualquier interrogante.

Educar a Eric sería pan comido. Después de todo, mis intenciones eran de absoluta pureza ("Siempre le daré lo mejor de mí mismo"), mis ideales eran elevados ("Jamás lo trataré como me trataron mis padres") y, además, pronto me enseñarían en la Universidad todo lo que hay que saber respecto a los seres humanos, del nacimiento a la muerte, por fuera y por dentro.

Y contaba con Willie. Había crecido al lado de cinco hermanos, de manera que sabía todo lo necesario sobre el aspecto práctico de la crianza de un niño: alimentarlo, bañarlo, cambiarlo, sacarle el aire y todo eso.

¡LA MADRE PERFECTA! ¡EL PADRE PERFECTO! Y por lo tanto, ¡EL NIÑO PERFECTO Y SIN UN SOLO PROBLEMA!

Eric no tardó en darnos a entender lo poco impresionado que estaba con la perfección de sus padres. Durante algunas semanas, Willie le dio el pecho (La Madre Perfecta). Berreando antes y después de comer, Eric mostró su desdén hacia la generosidad altruista de su madre. Willie llegó a la conclusión de que no tenía suficiente leche para satisfacer al pequeño (¿La Madre No-Tan-Perfecta?) de modo que optó (optamos) por la alimentación artificial. Pero Eric siguió berreando.

Eric berreaba si lo acostábamos. De manera que lo acostábamos pocas veces. Si estaba despierto (que era la mayor parte del tiempo), alguno de nosotros lo tenía en brazos... verticalmente. Horizontalmente, la cosa no funcionaba. Muy pronto, ni siquiera eso resultó suficiente. Exigía que nos sentáramos y lo sacudiéramos hacia arriba y hacia abajo para que dejara de aullar. Y no era cuestión de sacudirlo suavemente; había que elevarlo levantando lo más posible los brazos. No tardaron en salirse los resortes de los dos silloncitos de la sala.

Después, Eric, el Audaz y Autoritario, comenzó a chillar para que lo paseáramos por la casa, haciendo genuflexiones constantes que lo hacían sentirse en un sube y baja y lo llenaban de gozo. Como es natural, obedecimos.

Dormía a ratos. Pero sólo de día. En la noche, gritaba como un energúmeno. Willie y yo nos turnábamos para fingir que dormíamos. Varios meses después, acudimos al pediatra.

—Eric llora muchísimo —le dijimos—. Nos recomendó que nos relajáramos.

Unos días más tarde, lo llamamos por teléfono: —Eric chilla cuando tratamos de relajarnos—. Dijo que no era más que una etapa en su desarrollo.

—¿Y todo esto va a mejorar? —preguntamos.

—A su tiempo —nos aseguró.

Cada semana sosteníamos una o más de esas conversaciones existenciales con el doctor. Todo siguió igual.

A los quince meses, Eric ya hablaba y sus gritos se volvieron inteligibles. . . bueno, casi. Siendo un verdadero maestro en el arte de poner en evidencia nuestras imperfecciones, gritaba pidiendo una taza con leche. ("¡Che! ¡Che!") y le llevábamos la Che. Se la quedaba mirando, de un manotazo lanzaba la taza al suelo y gritoneaba exigiendo jugo de naranja ("¡Ugo anja!"). Le servíamos el maldito Ugo anja. Lo lanzaba al suelo y bramaba porque no era la taza que quería. La taza adecuada era la de la "Che". Eramos padres de lento aprendizaje.

Corría por todos lados y se metía en todas partes. Willie y yo corríamos tras él poniendo las cosas fuera de su alcance. Fue entonces cuando aprendió a trepar y a escalar.

Recordando aquellos primeros años caóticos, me doy cuenta de que la mayoría de mis conocimientos universitarios no representó una ayuda para la paternidad. En realidad, era un estorbo, una desventaja. En lugar de ayudarme a entender nuestras dificultades de padres primerizos, sólo ahondaba mi confusión. *Me había enseñado a pensar mucho sobre lo insignificante, sobre lo muy poco.*

Creo que la mayoría de los padres tenemos la tendencia a pensar demasiado. Especulamos interminablemente sobre lo que conviene hacer o sobre lo que deberíamos haber hecho. Agonizamos por lo que *ya* hicimos o dejamos de hacer. Nos preocupa el esquivo "¿Y-qué-sucederá-en-caso-de-que. . .?". *Buscamos pistas y sentidos ocultos en la conducta de nuestros hijos.* Pensamos, pensamos, pensamos. El Padre Perfecto es un Pensador Perfecto, que *se esfuerza con toda su alma en rehacer el pasado y ver el futuro, que pierde contacto con lo único importante y tangible que tiene a su alcance: el presente.*

Los padres que contraen esta enfermedad, acaban preocupándose tanto por sus hijos, que pierden contacto consigo mismos. . . se enredan con ellos a tal extremo que llega el momento en que no se sabe quien es quien. Piensan tanto que se les olvida cómo actuar. Su espontaneidad se ahoga en una marea de culpas y preocupaciones. Tarde o temprano, inevitablemente, pierden su seguridad en sí mismos y en sus propios sentimientos. Simultáneamente, desaparece su sentido común con respecto a lo que es justo o injusto para con ellos mismos.

Yo quisiera modificar la forma en que ustedes piensan con respecto a sus hijos y a sí mismos; aumentar sus alternativas, cambiar su reacción hacia sus hijos. Deseo transmitirles una comprensión práctica de la infancia y pedirles que reconsideren algunos conceptos que habíamos tomado anteriormente como verdades absolutas.

Pero por encima de todo eso, quiero que trabajemos juntos para mejorar la calidad de vida que llevan con sus hijos. No importa que lea los capítulos en desorden. Le sugiero que comience por El Mago, Los Reyes y las Cosas Vivientes. Si busca algún punto específico, vaya directamente al capítulo que corresponda.

Y antes de que iniciemos juntos nuestro camino, quiero darle un punto de vista: No funcionaría que adoptara mis ideas para que se convirtiera automáticamente en un padre exitoso. Si siguiera mi consejo al pie de la letra sin permitir que interviniese su intuición, quizás lo haría fracasar tan estrepitosamente como a nosotros nos hizo triunfar.

En vez de ello, utilice mis ideas como modelo para diseñar sus propias soluciones y desarrollar su estilo personal de educación y crianza. Ponerse en situación de fracasar también es ponerse en situación de tener éxito. . . *éxito real y tangible.*

¿Listos para arriesgarse al mayor de los éxitos? ¡Adelante!

El Mago, los Reyes y los Seres Vivientes

Hace muchos años, hubo una vez un mago que lucía largos cabellos plateados y una gran barba que casi le llegaba a las rodillas. Vivía solo en una cueva cerca de la cumbre de una montaña que dominaba la vista de un hermoso valle.

Aunque el hechicero jamás bajaba al poblado del valle, todos sabían que estaba activo en la montaña, porque por la noche se veía brillar una luz como si fuera una estrella en la punta de los riscos.

Un bondadoso monarca, amado por todo el pueblo, dirigía los destinos del poblado con la ayuda de su bella esposa. El cielo los había bendecido con tres hijos

Un día, el rey mandó llamar a los tres príncipes y les dijo:

—Uno de ustedes habrá de tomar mi sitio en el trono. Su madre y yo hemos compartido por igual nuestro amor entre ustedes, pero un reino no puede compartirse. Cuando yo me haya ido, uno de ustedes, el más capaz, tendrá que convertirse en el nuevo rey. Lo he pensado mucho, pero no puedo elegir entre ustedes tres y por ello he pedido la ayuda del hechicero de la montaña. Los tres deberán presentarse ante él y harán lo que les ordene.

Y los tres hijos del rey ascendieron por el camino montañoso que conducía hasta la cueva del mago. Cuando llegaron a la cima, lo encontraron sentado en el borde de una pequeña roca que estaba a la entrada de su cueva.

Miró a los tres príncipes y sonrió al observar la actitud respetuosa y cortés en que esperaban sus palabras. Estiró la mano en dirección a ellos:

—Aquí hay tres semillas. Sembradlas y de cada una de ellas brotará un árbol. Esa es su misión.

Los tres príncipes dieron las gracias y bajaron en silencio por la montaña llevando cada uno su semilla.

El hijo mayor sembró su semilla en la punta de una colina pequeña y redonda. Todos los días la regaba con agua clara del arroyo. Durante el invierno, cubrió con paja la base del pequeño arbusto para conservar el calor de las raíces. A la llegada de las tormentas primaverales, le construyó un refugio para protegerlo del viento. Al paso de los años, el árbol fue creciendo tan grande y frondoso que ni siquiera los rayos del sol atravesaban su follaje. La vegetación y la yerba de la colina comenzó a ponerse amarilla y acabó por morir por falta de sol. Durante los meses cálidos, el hijo mayor del rey acarreaba cubeta tras cubeta con agua del arroyo, ya que su árbol se rehusaba a beber cualquier otro tipo de agua. En el otoño, trabajaba de sol a sol recogiendo todas las hojas que tiraba el frondoso árbol.

El hijo de en medio sembró su semilla en otra colina cercana. Para él, la forma del árbol era más importante que su tamaño. Según iba creciendo, podaba con gran cuidado sus ramas para que no se engrosaran demasiado. Utilizando cuerdas, ató el tronco a unos postes de madera para asegurarse de que crecería muy derechito. Alambró las ramas para que se curvaran graciosamente hacia el cielo. Inspeccionó cada rama, cada hoja, para cortar todas aquellas que no complacieran su vista. Invertía casi todo su tiempo en podar, alambrar, atar e inspeccionar.

El más pequeño de los príncipes plantó su semilla en una tercera colina, muy cercana a las de sus hermanos. Cuando su árbol estaba aún muy tierno, ató el tronco a unos postes de madera para que el viento no lo doblara o lo enchuecara. Al paso del tiempo, arrancó los postes, cortó las cuerdas y permitió que el árbol se sostuviera por sí mismo. Solamente le llevaba agua cuando hacía mucho calor y escaseaba la lluvia. Lo podaba lo indispensable para que los rayos del sol atravesaran por el follaje. Durante el otoño, acostumbraba recoger solamente las hojas caídas para que no se secara la yerba que lo rodeaba. Durante el invierno, se cuidaba *a sí mismo* de la crudeza del tiempo.

Muchos años después, el rey murió durante la noche, y al día siguiente una tormenta terrible descendió desde la montaña donde habitaba el hechicero. El ventarrón empujaba cortinas de lluvia pesada sobre el valle, los arroyos se convirtieron en ríos caudalosos y los estanques se transformaron en lagos. Las nubes negras danzaban por el cielo y la tormenta duró dos días y dos noches más.

A la tercera mañana de la muerte del rey, dejó de llover y se aclararon los cielos. Cuando la gente del valle comenzó a salir de su casa, todos volvieron la mirada hacia las tres colinas de los príncipes. La colina donde el hijo mayor sembró su semilla había sido arrasada y el enorme árbol estaba tirado y con las raíces al aire.

En la segunda colina no había quedado nada en pie. Había ramas rotas por todas partes y el árbol desgajado yacía sobre un campo vecino.

El árbol del príncipe menor estaba de pie, con sus hojas verdes y húmedas brillantes bajo el sol. Durante la tormenta se había sacudido bajo el embate del viento y los estremecieron enérgicamente las lluvias, pero no se rompieron sus ramas.

Esa misma tarde, los tres príncipes ascendieron por la montaña del hechicero y lo encontraron sentado en la misma roca, con los ojos fijos en el horizonte. Después de un prolongado silencio fijó la mirada en el mayor de los tres príncipes.

—A tu árbol le diste amor, pero no le diste guía y orientación. Se volvió egoísta y exigente. No quiso compartir ni siquiera la luz del sol con la yerba que lo rodeaba y todo a su alrededor murió. Dado que no había yerba que sostuviera la tierra, la colina se desbarató bajo el embate de la tormenta. No estás capacitado para convertirte en rey, pero tu capacidad para amar en forma madura aumentará. Agregaré a ella los dones del conocimiento y de la autoridad. Te convertirás en un gran maestro y la gente del valle te amará y te respetará. El hijo mayor sintió la mano del hechicero sobre su hombro derecho y sus ojos se llenaron con lágrimas de felicidad.

El hechicero se volvió hacia el hijo de en medio. —Tú le diste orientación y guía a tu árbol, pero no le diste amor. Tenía una forma muy bella, pero sus raíces carecieron de la profundidad y la fuerza necesaria para sostenerse durante la tormenta. No puedes tomar el lugar que dejó vacío tu padre, pero te aviso que no trabajaste en vano. A ti, te regalo el don de amar. Vivirás entre la gente como un gran doctor y el pueblo te respetará siempre—. El hijo de en medio sintió la mano suave del brujo y su corazón se llenó de gozo.

El anciano mago se volvió hacia el hijo menor del rey: —Para tu corta edad, has aprendido mucho y mereces llevar la corona de tu padre. Tienes la proporción adecuada de amor y de sentido orientador. Y es así como debe cuidarse de los seres vivientes. Recuerda siempre que así como un ser viviente es por sí mismo un pequeño reino, todos los reinos son seres vivientes.

El mago se levantó para dirigirse a los tres príncipes. —Váyanse de inmediato porque les espera una tarea tan importante que no la terminarán en toda su vida—. Y volviendo la espalda, entró a su cueva.

Los tres hijos volvieron al valle y se aplicaron a realizar las tareas asignadas por el viejo hechicero. El hijo mayor se convirtió en un sabio maestro y la gente del valle edificó una universidad que llevó su nombre. Tal como lo profetizó el mago, el hijo de en medio fue un gran médico y vivió lo suficiente para ver que los moradores del reino construían un hospital para que se continuase su labor. Durante la época en que el menor de los príncipes reinó, se lograron incontables avances y desde entonces la gente del valle disfruta prosperidad y paz.

Nunca nadie volvió a ver al hechicero, pero hasta la fecha se cuenta que en las noches claras a veces se observa una luz, brillante como una estrella, iluminando la cima de la montaña.

PRIMERA PARTE

La Disciplina: un Asunto de Familia

La dictadura benévola

Aún recuerdo a uno de mis maestros de la Facultad, que impartía un curso sobre matrimonio y relaciones familiares. Hablaba sobre las diferencias entre familias "democráticas" y "autocráticas".

Decía que en la familia democrática, todos son iguales. En consecuencia, la obediencia (de los niños) no era obligatoria y los desacuerdos se resolvían mediante negociaciones, discusión y avenencias. Cooperación y armonía eran las características genéricas de la familia democrática. "¡Maravilloso!", pensé, recordando la forma en que mis padres limitaron mi libertad, me conservaron en estado de virtual servidumbre y dijeron cosas horrendas como "porque lo mando yo".

En contraste, la familia autocrática estaba formada por una jerarquía donde los padres se ubicaban en la parte superior. A los niños se les castigaba por desobedecer y no podían tomar decisiones por sí mismos. La avenencia y el acuerdo entre padre e hijo sólo era posible bajo los términos impuestos por el padre. Entre los hijos de padres autocráticos, reinaba más la obediencia que la cooperación gozosa.

"¡Pero qué horror!", pensé. "¡Igualito que cuando yo era un niño!". Y juré solemnemente que cuando llegara el momento, sería un papá democrático.

Trece años y dos hijos han arrojado muchas capas de

polvo sobre mi juramento. Lo intenté, de verdad que lo intenté. Durante los tres o cuatro primeros años de la vida de Eric, lo consideré como mi igual. Si a Eric no le gustaban las decisiones que tomaba, se revolcaba por el suelo y yo reconsideraba. Me parecía injusto obligarlo a obedecer, de modo que él no obedecía. Pero el resultado de este ejercicio de democracia no fue armonía. Fue ANARQUIA.

Una noche, se me apareció en sueños un anciano que dijo llamarse "El Espíritu del Futuro de Rosemond". Llevaba en las manos una bola de cristal, y cuando vi hacia el interior de la clara esfera, apareció la imagen de una familia Rosemond ligeramente más vieja cuyos miembros estaban enfundados en una elegante camisa de fuerza hecha de brillante acero inoxidable.

Desperté gritando, bañado en sudor, y la vida con papito jamás volvió a ser igual.

En la actualidad, nuestros hijos nos obedecen. No disfrutan el derecho de tomar decisiones por sí mismos. Sin embargo, les concedemos el privilegio de tomar *muchas* decisiones reservándonos nosotros, como *nuestro derecho*, la opción de retirarles dichos privilegios cuando abusan de él o cuando no nos satisfacen los resultados de sus decisiones.

Es posible entablar negociaciones. . . hasta donde nosotros lo permitimos. En pocas palabras, creamos una anticuada y terrible familia autócrata, y Willie y yo somos los "Dictadores Benévolos".

Los Dictadores Benévolos son autoridades bondadosas que comprenden que su poder es el cimiento del sentido de seguridad de nuestros hijos. Los Dictadores Benévolos gobiernan por virtud de la autoridad natural. Saben qué es lo mejor para sus hijos y no derivan placer alguno de mangonear a sus chicos. Gobiernan porque es necesario que lo hagan. Preparan a sus hijos para el momento en que tengan que gobernarse a sí mismos y a sus propios hijos.

Los Dictadores Benévolos no necesitan infundir miedo para transmitir su influencia. Son autoridades, pero *no son autoritarios*. No exigen obediencia silenciosa y alientan los cuestionamientos: Pero son ellos quienes toman las decisiones finales. Restringen la libertad de sus hijos, pero no son tiranos; las restringen con el único fin de guiarlos y protegerlos. Establecen reglas justas y exigen firmemente que se respeten. La vida con un Dictador Benévolo es predecible y segura para los niños. Todo ese grupo anterior de certidumbres garantiza más libertad de la que sería factible bajo otras circunstancias.

Y la verdad es que, lo acepten o no, todos los padres somos dictadores de diferentes clases. Algunos más que otros, y los demás, benévolos hasta el punto en que perjudican a sus hijos.

Todo lo anterior puede ser difícil de aceptar a primera vista, porque usualmente asociamos a la dictadura con la opresión, la tortura y el secuestro. Pero una dictadura no es otra cosa que un sistema de gobierno en el que una persona tiene el control y la responsabilidad de tomar decisiones a favor de un grupo de personas que cuentan con que esas decisiones serán beneficiosas. Y eso es lo que hacemos los padres, ¿no es verdad? Nos guste o no, los padres somos eso: Dictadores.

Hace algún tiempo, hablando ante un grupo de médicos, les explicaba mi concepto de Dictadura Benévola en lo que se refiere a la organización de la familia. Uno de los médicos, bastante alterado, pidió la palabra:

—Está usted planeando la idea en una forma demasiado generalizada. Su Dictadura Benévola puede funcionar muy bien cuando los niños son pequeños, pero a los hijos adolescentes debemos *darles* más libertad y más oportunidades para que tomen sus propias decisiones.

—¡Naturalmente! Lo que usted dice es absolutamente correcto y se ajusta perfectamente a mi Dictadura Benévola. La clave de lo que usted dijo fue la forma en que utilizó el término "darles". ¡Estoy de acuerdo! Los padres debemos estar dispuestos a darles a los hijos más libertad y más elecciones conforme van creciendo. . . aun la libertad para cometer errores cuando llegue el momento. Pero siempre debemos conservar el control de la *decisión de dar*. Mientras nuestros hijos dependan de nosotros, JAMAS debemos concederles el control absoluto de sus vidas.

Mientras los hijos vivan bajo el techo familiar y dependan de sus padres para la protección legal y el sostenimiento económico, no es posible que haya una relación democrática entre padres e hijos. Hasta que el joven se vaya de la casa paterna, sólo puede haber ejercicios de democracia cuidadosamente orquestada por los padres.

Sí, según vaya madurando el hijo, deben dársele grados crecientes de independencia, pero OTORGADOS DESDE UNA POSICION SEGURA DE AUTORIDAD. Es derecho de los padres conceder un privilegio, y también es su derecho retirarlo cuando no es correcto o justo que los chicos lo conserven. Dentro de este encuadre, los hijos aprenden lo que vale la independencia, no como algo a lo que se tiene derecho, sino como algo que se debe ganar, por lo que hay que esforzarse y trabajar y que, por lo tanto, vale la pena cuidar.

Usted es el patrón, por bien de ellos.

Su matrimonio es primero

Al conducir un seminario para cincuenta madres que trabajan, escribí lo siguiente en el pizarrón: "EN MI FAMILIA, LO PRIMERO SON LOS HIJOS". Luego, les pregunté si ese era su punto de vista en cuestión de prioridades. Más de la mitad respondió afirmativamente. En muchos seminarios posteriores he planteado la misma pregunta y recibido la misma respuesta.

Parece que nosotros mismos nos echamos la soga al cuello. "Mis hijos son lo primero" es un boleto de viaje sin retorno hacia el sitio donde los padres se preocupan por los hijos que chillan y que no obedecen órdenes dadas por esos padres que finalmente pierden la paciencia, gritan al unísono y se lanzan de cabeza hacia ese tenebroso agujero llamado sentimiento de culpa. Es un sitio donde los esposos llegan a su casa para escuchar las quejas de su mujer que se lamenta porque ser madre absorbe tal cantidad de energía que no les queda ninguna para ser esposa. Es un lugar donde la gente sufre, escondiendo su dolor bajo el eslogan de "mis hijos son lo primero".

Es fácil comprender la forma en que la gente llega a ese sitio. La mayoría de los padres hemos estado ahí. Algunos, de visita; otros, para quedarse.

Una de las explicaciones más comunes para esta actitud, es la de "mis-hijos-vivirán-mejor-y-tendrán-una-infancia-más-agradable-que-la-mía". Pero cualquiera que sea la raíz del problema, el hecho es que hemos creado para nuestros hijos una posición de primordial importancia dentro de la familia. Hemos elevado a el niño hasta un pedestal, adoptando una adoración de autosacrificio ante su "potencial" y su "autoestima". Parece que no nos damos cuenta de que cuando el niño se convierte en el eje central de la pareja, la relación del matrimonio comienza a naufragar.

Dentro de la familia, sólo hay *un* lugar adecuado para los niños: el asiento trasero. La posesión exclusiva del volante y del asiento delantero pertenece al matrimonio. El matrimonio es la base sobre la que se construye la familia y de la que depende toda la familia. El matrimonio es anterior a los niños y está destinado a sobrevivir después de ellos.

El matrimonio es el núcleo de la familia. La crea, la define y la sostiene. Trasciende las identidades de las dos personas que lo criaron y cuando es sano, no sólo conserva esas identidades individuales, sino que las impulsa a florecer.

Las necesidades de los niños son satisfechas si se satisfacen las necesidades del matrimonio. Los niños que experimentan la relación de sus padres como una base absoluta de seguridad y de estabilidad en el centro de la familia, se sentirán como los niños más seguros del mundo, como los más protegidos.

A partir del ejemplo de sus padres, aprenden a compartir, a manifestar su desacuerdo en formas que no comprometen la dignidad de nadie, y aprenden el arte maravilloso de interesarse por los demás. Aprenden que la relación de sus padres no los incluye a ellos. . . y no obstante llega el momento en que se dan cuenta de que son protegidos y nutridos gracias a esa relación.

Y es este claro sentido de "separación-unión" lo que alienta el desarrollo de la autonomía e impulsa a los niños hacia la realización de la promesa que representan al nacer.

No existe en la Tierra ningún niño que necesite más que eso.

Padres independientes: ¿padre y madre a la vez?

Quiero referirme específicamente a los mitos que colorean nuestros conceptos con respecto al padre-madre o a la madre-padre, a aquellos que están solos, sin pareja, ante la educación de sus hijos. El mito principal indica que educar a un hijo es mucho más difícil si no se tiene una pareja.

Eso no es cierto. No hay duda de que educar a un hijo sin compañero(a) es *diferente* a hacerlo dentro de una familia intacta, pero lograrlo sólo presenta *el grado de dificultad que uno piensa que tiene.*

Un padre o una madre individual maldice su aislamiento de la manera siguiente: "Soy yo quien tiene que tomar *todas* las decisiones", mientras que otra se congratula pensando que no hay quien ponga en tela de juicio las decisiones que tome. Como en todo, esta situación tiene ventajas e inconvenientes. Usted decide.

¿Quién de ellos tiene razón? ¡Ambos! Si usted piensa que criar sola a sus hijos es una tarea tremenda, así será. Y si por el contrario, se convence de que educar a sus hijos con absoluta independencia es la oportunidad más grande del mundo para vivir creativamente, utilizará esa fuerza positiva para crear una oportunidad tras otra tanto para sí misma como para sus hijos. Usualmente, todas las personas nos las arreglamos de manera de probar que *lo que creemos es cierto.*

Esta actitud contenciosa sobre la paternidad-maternidad individual no existiría de no ser por un grupo de mitos aún más insidiosos con respecto al matrimonio. En esencia, ese grupo de mitos sostiene que el matrimonio puede hacer por la persona lo que ella se siente incapaz de hacer por sí misma. . . es decir, puede lograr que nos sintamos completos, felices y realizados. Ese espejismo no sólo destruye muchos matrimonios; también deja a su paso una larga estela de desconsuelo y desesperación. En la vida real, el matrimonio no vuelve feliz a la gente por sí mismo ni el divorcio la hace desdichada. En la vida real, nosotros nos autoconvertimos en personas felices o desgraciadas (o amargas, coléricas o lo que decidamos elegir).

Los hijos de un hogar dividido se ven arrastrados por el melodrama. La opinión absurda y principal es que los dañaron, que en su vida falta algo que les hará daño por los siglos de los siglos, amén.

El mito sostiene que los niños deben tener una pareja de padres. *La verdad es que los niños necesitan de dos padres que se amen entre sí. El hecho real es que para ellos es preferible un solo padre que los ame y no dos padres que no se quieran entre ellos.*

Quienes aceptan el mito de que el padre individual sólo es partícipe de un juego de perdedores, eligen derrotarse a sí mismos. Sus sentimientos de impotencia, cólera, soledad y frustración han sido impuestos por ellos mismos en contra de sí mismos. Aceptemos que para bien o para mal, llevamos el control y la rienda de nosotros mismos.

Si usted no tiene pareja, está tan capacitada como cualquier matrimonio para educar niños sanos y felices. No, no puede ser padre y madre a la vez, pero puede ser una persona plena y realizada con vitalidad suficiente para compartirla con sus hijos.

La misión nunca es demasiado grande para una sola persona, si la persona es lo suficientemente grande para realizar la misión.

Respeto para su hijo: un criterio diferente

Desde hace alrededor de veinticinco años, nos hemos vuelto cada vez más dependientes de que los expertos nos indiquen cómo educar a nuestros hijos. Y en el proceso, nos hemos vuelto más infantiles gracias a nuestra dócil actitud de no cuestionar su "pericia y sabiduría". Por desgracia, algunos de sus consejos han hecho más daño que beneficios.

La escuela permisiva de expertos en psicopedagogía (Summerhill), nos aconsejó que "respetáramos" a nuestros hijos. No fueron específicos ni claros al respecto porque nosotros no se los exigimos. Después de todo, ellos eran los "expertos".

Tal como emplean el término "respetar", se infiere que los padres debemos tratar democráticamente a los hijos. . . como iguales. Todos estamos de acuerdo en que cualquier ser humano es digno de respeto. Los padres debemos respetar a los hijos, por lo que son y por aquello en lo que se van convirtiendo, pero no como a iguales.

El respeto entre padres e hijos es una calle de dos sentidos, pero el tráfico que va en cada dirección de esa calle, es diferente *en todos sentidos.*

Los padres que insisten en la obediencia están cuidando de una de las necesidades más básicas de sus hijos. Desafortunadamente, hay padres que identifican a la obediencia con la pasividad, y no queriendo educar niños pasivos, encuentran argumentos para no imponer la obediencia. Creen que imponerse ahogaría la independencia de sus hijos. Y es todo lo contrario: aprender a obedecer *refuerza* la independencia del niño.

Los niños obedientes tienen padres que señalan claramente los límites y que imponen que sean respetados. Dentro de ese encuadre tan claro, los hijos tienen libertad para explorar, para ser curiosos, creativos. . . en pocas palabras: para ser tan independientes como lo permita su propia madurez.

Contrastemos este tipo de respeto con el "respeto" que

exige el padre autoritario para quien respeto y miedo son lo mismo: Los niños que temen a sus padres no obedecen: Se someten. Los hijos obedientes no tienen miedo. Tienen seguridad y confianza en sí mismos. Tienen incluso la seguridad necesaria como para permitirse un cierto grado de rebeldía.

Lo común es que quienes temen a sus padres se vuelvan hipócritas: aprenden a mentir para escapar a las restricciones.

En el extremo opuesto de los padres autoritarios encontramos a los que no exigen respeto alguno. Los niños cuyos padres no exigen obediencia viven *en un mundo de límites constantemente cambiantes.* Como en los actos de magia, dichos límites aparecen y desaparecen, aunque sin el aviso previo que dan los ilusionistas. Los planes, programas, agendas y reglamentos de sus padres son secretos, y los niños se ven obligados a buscarlos. Su búsqueda es frenética y trae como consecuencia la falta de aprobación de todos. En consecuencia, se les califica de "desobedientes". A pesar de todo, yo afirmo que no existen los niños desobedientes; *sólo hay padres que no aceptan sus responsabilidades y criaturas convertidas en chivos expiatorios.*

Los niños a quienes no se les da a conocer sus límites, dependen de que sus padres los recompensen cuando por casualidad descubren parte de los límites "secretos" y programas educacionales ocultos de sus padres. Y la verdad es que la obediencia debe ser una recompensa por sí misma. Hasta el grado en que los niños funcionan responsablemente dentro de los límites que sus padres definan con claridad, dichos límites deberán ampliarse. Tarde o temprano, los niños dejan de requerir que alguien les defina sus límites.

Luego entonces, la obediencia es el camino hacia la madurez.

Los "estrictos"

Pocos términos han sido tan mal entendidos como "estricto". Pocos términos han sido tan calumniados y su sentido original se ha corrompido hasta el punto de volverse irreconocible. Actualmente, casi todos están de acuerdo en que "estricto" es sinónimo de severo, autoritario, inflexible, dictatorial, irreductible, tirano, dogmático y puritano. ¡Severo! Hasta suena brusco, como el restallido de un látigo.

Cuando ahora se piensa en un padre estricto, surge la imagen de un villano con un ojo bilioso puesto en lo que sus hijos hacen (o piensan) mal y el otro cerrado ante su buena conducta. Pero eso es mentira. Los padres estrictos han sido difamados por los permisionistas, que han confundido nuestras vidas con la misma facilidad que nuestro lenguaje.

Para comenzar a redimir este adjetivo, permítanme decir que no hace muchos años (antes de que se pusiera de moda idolatrar a los niños y permitirles que nos dieran patadas en las espinillas) ser un educador estricto era considerado como una virtud. Cuando los niños eran niños y los padres eran los que llevaban el timón, ser estricto significaba definir claramente las reglas y exigir que se respetaran.

¿Y qué hay de malo en eso? Nada. Los padres estrictos favorecen a sus hijos en más de un sentido:

- Les comunican claramente lo que se espera de ellos sin dejar lugar a malos entendidos.
- Sus niños siempre saben cómo van a reaccionar y por lo tanto siempre están seguros de su posición y de los resultados de su conducta.
- Enseñan a los niños a no esperar más de lo que los pequeños hayan invertido en cualquier situación y aspecto.
- Saben que sus hijos confían en ellos para que los mantengan en el camino adecuado y con mano justa y amorosa corrigen sus desviaciones inevitables.

Los padres estrictos son disciplinados consigo mismos, y no practican ni una décima menos de lo que predican. Por encima de todo, comprenden la importancia de las reglas.

Las reglas protegen. Aseguran el bienestar físico y emocional de los pequeños. Las reglas son la base del orden. Regulan el ir y venir de los niños por el mundo, ya que sin ellas, los niños están completamente desvalidos y desarmados ante situaciones desconocidas. Paradójicamente, una regla es a la vez un freno y una garantía de libertad.

Una regla indefinida o que a veces se cumple y a veces no, no es una regla: es un fraude, una traición, una trampa, y bajo este tipo de "regla" el niño se convierte en una víctima, en un prisionero de la incertidumbre. Por el contrario, el niño que pone a prueba una verdadera regla (como lo hacen todos los niños) y descubre las consecuencias de haberlo hecho, queda libre para funcionar constructivamente dentro de los límites de dicha regla.

El sonido de una mano que aplaude

Yo nalgueo a mis niños o, para ser más preciso, lo hice y es probable que lo repita. O quizás no.

Vean ustedes, la interrogante no es "¿nalguear o no nalguear?". Se haga o no, la pregunta es: ¿funciona o no funciona?

Hace un par de años escribí en mi columna periodística que nalguear no es la cosa terrible que se dice, sino que la gente que vive obsesionada con la adoración infantil ha hecho un gran escándalo al respecto. Poco después de la publicación de la columna, uno de esos escandalosos me dijo que estaba yo favoreciendo el maltrato y el abuso de los niños. Otro me dijo que si estaba yo de acuerdo en eso de que la letra con sangre entra.

Lo que realmente molestaba a mis críticos es que no comparto su criterio del mundo con respecto a que los niños que reciben una nalgada, *a*) se odian por ser niños malvados, *b*) aprenden a resolver sus problemas golpeando a la gente, *c*) algún día maltratarán a sus propios hijos, *d*) algún día se convertirán en criminales violentos, o, *e*) todo lo anterior.

Les tengo buenas noticias. Esos mitos están equivocados. Los factores sociales, económicos, psicológicos y políticos que se combinan para producir criminales, violadores y lisiados emocionales son demasiado complejos hasta para la más eficiente de las computadoras.

El escenario típico de la nalgada comienza con un niño haciendo algo que está claramente fuera de los límites establecidos. . . digamos, como saltar desde la mesa de la sala hasta el sillón. Sus padres reaccionan estremeciéndose, sacudiéndose y agitando los brazos. El niño se da cuenta de que a pesar de su agitado revoloteo, no hacen nada al respecto. Archiva esa valiosa información en un banco de neuronas etiquetado como "Alta prioridad".

Quince minutos después, se trepa de nuevo a la mesa de la sala y por segunda vez emprende el vuelo hacia el sofá. Sus padres se estremecen, se sacuden y aletean igualito que antes. Y de nuevo. . . ¡no sucede nada! ¡Espléndido! Quince minutos más tarde, repite la proeza. Pero en esa ocasión, sin dejar de aletear, uno de sus padres anuncia: —¡Si lo vuelves a hacer te doy una nalgada! ¿Entiendes?

¡Claro que entiende! ¡Tiene la capacidad suficiente para reconocer un desafío!

Mientras tanto, sus padres se sienten crecientemente frustrados por su "desobediencia", "distracción" o cualquiera que sea el término que usen para no aceptar la responsabilidad de lo que está pasando.

La criatura ejecuta otros cinco saltos, y sus padres aletean otras cinco veces y repiten sus amenazas. Al noveno intento, el nene rompe un florero de cristal importado. Sus padres caen sobre el nene como un par de furias, apuntando contra sus pequeñas asentaderas y gritando: "¡Te lo advertimos! ¡Mira lo que hiciste!". Varias horas después del incidente, la casa sigue envuelta en un manto de melancolía. Nadie habla; nadie ríe. El niño siente que cayó en una *trampa*. Los padres se sienten culpables. Todo ha sido una pérdida de tiempo, de energía, de inteligencia y de cristal importado.

Pero el error no fueron las nalgadas sino la forma en que se administraron.

REGLA NUMERO UNO DE UNA NALGUIZA BUENA: *no la posponga*. Para mí, nalguear es el primer recurso.

Eso no significa que recete muchas nalgadas o muy frecuentes. Rara vez lo hago, pero cuando decido que la situación lo amerita, lo hago y se acabó la discusión.

REGLA NUMERO DOS: *no amenace.* ¿Qué objeto tiene el anuncio dramático? Una amenaza no es otra cosa que una actitud implorante y apologética de suplicarle al nene que le evite hacer "algo malo". La amenaza es un acto de holgazanería irresponsable. Además, el precio de no actuar es la frustración, que aumenta de amenaza en amenaza hacia una explosión final y carente de utilidad.

REGLA NUMERO TRES: *use la mano.* Una nalguiza es una expresión no-verbal de *su* autoridad y *su* desaprobación. Haga contacto directo, de persona a persona.

REGLA NUMERO CUATRO: *no huya después de la nalgada.* La nalgada no es el *final* de algo. . . es, o debe ser, el *principio* de algo. Después de la nalguiza, es importante hablar. No ofrezca disculpas ni explicaciones: "Ahora que he logrado captar tu atención absoluta e indivisa, te diré cómo es la vida con papá (o con mamá)".

Haga una declaración breve y simple que resuma sus sentimientos respecto a lo que hizo el nene y que defina con claridad que su conducta estuvo contra las reglas establecidas. Diga lo que tiene que decir, dirija al niño hacia el buen camino y lance lo sucedido al pasado.

La idea no es causarle dolor al nene sino 1) terminar rápidamente con una conducta indeseable, 2) recordarle al peque quién es la autoridad, 3) expresar en tono moderado su enojo y 4) captar la atención del niño para unos momentos de charla sincera.

Lo común es que mis hijos no sepan cuándo van a sentir mi mano en su trasero, aunque entienden que los nalgueos en respuesta al desafío abierto, a la desobediencia intencionada o a las muestras flagrantes de falta de respeto. Pero la nalguiza no pasa de ser una de las formas que elijo para expresarme ante cualquiera de esas circunstancias. Lo que importa es que se las propino mucho antes de sentirme "harto". De esa manera, mis hijos jamás me hartan.

¡Porque lo mando yo!

Esa era una de las frases preferidas de mi padre. Yo discutía muchísimo y ese era su argumento para taparme la boca.

Cuando cumplí dieciséis años, juré sobre una montaña de álbumes de rocanrol que mis hijos jamás me oirían decir "porque lo mando yo". No, yo no sería *esa* clase de padre. A mis hijos se les daría sentido de responsabilidad individual y oportunidades ilimitadas para tomar sus propias decisiones. Después de todo, estábamos cerca del fin de siglo y la libertad individual flotaba en el aire.

Mi hijo nació en esa época incierta. Tres años después, la época no era menos incierta para Eric. Los berrinches y las pataletas flotaban en el aire. Llegó el momento en que se vio con claridad que si yo no actuaba de manera decisiva, Eric jamás adquiriría suficiente control de sí mismo como para tomar decisiones sensatas. De manera que llevé al caballo hacia el frente de la carreta y me aposenté en el sitio del conductor.

Todavía me frunzo un poco bajo el sonido de "porque lo mando yo", pero creo que mi padre tenía el principio de una idea cuerda: Los niños pequeños (me refiero a los menores de cinco años) reciben un gran beneficio si se les dan razones que puedan expresarse en no más de veinticinco palabras de una o dos sílabas cada una. Pero cuando la respuesta a su "¿Por qué? es larga o complicada, el niño debe escuchar un mensaje muy claro que diga: "Seré yo quien se haga cargo de la situación".

Lo más honesto es que a menudo la verdadera causa por la que los padres damos una orden o tomamos una decisión es eso: Porque lo mando yo.

El problema con mi padre fue que no encontró el momento para detenerse. Cuando estaba en la universidad, todavía me tocaba escuchar el Porque lo mando yo. Pero me enseñó una lección muy valiosa: A no emplear nunca cincuenta palabras cuando cuatro son suficientes.

De manera que cuando mis niños quieren saber ¿Por qué?" a veces les contesto "Porque lo mando yo" o bien, "Porque ya tomé la decisión".

Soy hijo de "Porque lo mando yo".

Los juegos en que participan

Los padres juegan con sus hijos algo que yo he llamado "¿Por favor?". Este juego comienza cuando papá o mamá quieren que el niño haga algo. Suele tratarse de una orden tan sencilla como que el niño se acomode en el asiento trasero del automóvil. Pero los padres tenemos una tendencia increíble a complicar y volver confusas hasta las cosas más simples.

Al murmurar suavecito "¿Por favor?", mamá se muestra indecisa, actúa como si no supiera bien qué quiere que haga el niño. No expresa una orden imperativa: Frasea sus palabras como preguntas, en voz débil e implorante.

Por ejemplo, en vez de "Siéntate atrás" o "Quiero que vayas en el asiento trasero", mamá murmura: "¿No preferirías ir en el asiento trasero para que mamita vaya al volante?". La forma y el tono de voz le indican al niño que mami necesita ayuda para tomar tan difícil decisión. Y alegremente, procede a colaborar en la toma de decisiones: "¡No! Yo me quedo aquí y tú vete al asiento de atrás".

Y aquí principia el partido donde el jugador más rápido será quien llegue al balón. Es frecuente que el padre en cuestión cometa un *foul* técnico al cambiar las reglas y encolerizarse: "¡Te ordené que te sientes atrás! ¡Muévete!". Eso no es verdad, ya que mamá no *ordenó* nada. Pero no hay nadie que grite "*¡Foul!*", a menos que papá esté fungiendo como árbitro.

Lo más común es que en lugar de que llegue a un desenlace tan abrupto, el juego de "¿Por favor?" se prolongue. Papá o mamá negocian una avenencia mediante la cual el nene hace su santa gana y el padre o la madre hacen malabarismo (llevando al nene sobre el regazo).

Los padres murmuran "¿Por favor?" para evitar confrontaciones, desafíos y mortificaciones en público. ¡Y funciona! Pero lo que obtienen a cambio no es ninguna ganga. Los niños aprenden rápidamente que sus padres tienen miedo de sostener su autoridad y que se dan por vencidos fácilmente. Si cuando se plantea la interrogante de ¿Quién es el jefe? los padres no toman la batuta, la tomarán los niños.

Jamás debe existir la menor duda sobre quién dirige el *show*. Desde el principio, el niño tiene el derecho inalienable y el privilegio de que se le informe quién es el jefe. "Cuando progenitor desorientado, niño volverse jefe descarriado. (Frase célebre de B.O.B.O.).

Cuente hoy mismo las veces en que le dice a su hijo "¿Por favor?". Una sola vez es demasiado.

Los padres tenemos que decirles a los niños qué hacer y alistarnos para que se respete nuestra autoridad (tome en brazos al nene y colóquelo en el asiento posterior). Si no quiere que el niño tenga la alternativa de tomar varias decisiones diversas, no le pregunte.

Es necesario que los padres que no tienen miedo o se sienten mortificados por algún desafío público ocasional, les digan a los niños qué deben hacer. Los pequeños se sienten más cómodos y seguros si sus padres saben cuál es su posición paterna (y qué lugar quieren ocupar en el automóvil o en cualquier otro sitio).

Me odia-no me odia

Quiero transcribir una conversación real que tuvo lugar en mi casa hace varios años. En dicha conversación participa mi hija, Amy, que tenía seis años y su papi: Yo, el Tirano, tal como verán a continuación:

—Amy, quiero que esta noche tú pongas la mesa.

—No. Que la ponga Eric.

—Quiero que la pongas tú. En *este instante*.

—¡A mí me tocó ponerla anoche!

—Sí. Lo hiciste tan bien, que quiero que la vuelvas a poner. *¡Ahorita!*

—Es que le toca a Eric. Yo no la quiero poner.

—Dado que no quieres poner la mesa, te me vas a tu cuarto. Baja cuando estés dispuesta a poner la mesa.

—¿Y si para cuando llegue la hora de la cena todavía no estoy dispuesta?

—Te quedarás en tu cuarto hasta mañana.

—¡SI ME MANDAS A MI CUARTO, ME QUEDARE AHI PARA SIEMPRE!

—O pones la mesa o te vas a tu cuarto.

—¡TE ODIO! ¡YA NO SOY TU HIJA! ¡ME IRE DE LA CASA!

Estoy seguro de que en ocasiones, realmente me odia, sobre todo cuando la obligo a elegir entre dos cosas que aborrece: Poner la mesa o irse a su cuarto. El odio es un sentimiento genuino y comprensible para una niña de seis años que se encuentra en esas circunstancias. ¿Tiene obligación de disfrutarlo cuando le pongo los dedos contra la puerta? ¡Demonios, de ninguna manera!

No es fácil ser una persona con poco poder. Pero es menos fácil y terrible ser un niño al que, por error, se le ha dado mucho poder. Los niños codician el poder, se sienten frustrados al no tenerlo y *no saben cómo manejarlo cuando les cae en las manitas.*

De modo que en el caso de Amy, me agarro fuerte de las riendas y hay casos en que me detesta por eso. Me odia cuando evito su intención de desafiarme y ganar. Me aborrece porque cuando intenta involucrarme en una lucha por el poder, me rehuso a participar. Amy no puede ganar en una lucha conmigo, porque yo no estoy dispuesto a luchar con ella. . . no, si mi autoridad está en juego.

Si luchara con ella, alentaría el concepto erróneo de que somos iguales. *La niña no puede ser igual a mí.* Necesita de mi protección y de mis recursos. A su debido tiempo, será mi igual y espero con amor ese día. Por ahora, no está lista para florecer.

No negociaré mi autoridad hasta que ella se muestre más dispuesta a aceptarla. Nuestra relación no es democrática y ninguna dosis de idealismo la transformará. *Amy no me eligió como padre* y no estoy obligado a hacer campaña política prorreelección cada determinado número de años. La opinión de Amy en el manejo y gobierno de esta familia no es igual a la mía y *no lo será hasta que se marche de la casa*. Hasta ese día, yo soy quien decide y decido incluso cuándo es ella la que *puede* tomar decisiones en los casos en que yo le doy opciones para elegir una entre ellas. Odiarme por ello es su derecho natural y cuando me lo dice espero que eso sea una medida de la franqueza y la apertura que reina en nuestra relación.

Por cierto: Amy puso la mesa. Las cucharas estaban a la izquierda y mi mantelito individual un poco torcido. Pero a final de cuentas, obedeció.

Qué significa "justo"

—¡No es justo!

Lo escucho con frecuencia. He escuchado variaciones sobre el mismo tema y en todos los tonos de la escala musical, desde la declaración hasta el alarido. Y casi siempre, la ejecutante es mi hija Amy. Pobrecita Amy. Debe haber llegado al mundo antes de la fecha adecuada y el mundo no estaba preparado para ella. La noticia de su nacimiento ni siquiera llegó al encabezado de los diarios.

Desde entonces, Amy lucha por convencernos de que se cometió un error. En esta reencarnación, le tocaba ser princesa. No hay duda de que en vidas anteriores había pagado sus deudas dentro del cuerpo de una campesina o de alguna sirvienta maltratada. . . vaya usted a saber, algo de eso que sufre uno antes de alcanzar los elevados planos de la felicidad. Esta vez tendría que ser diferente. Pero algo resultó mal. ¡Qué desilusión!

Su madre y yo ni siquiera podemos comprarle todo lo que desea. Ella no entiende de hipotecas nì de las letras del coche. A su llegada, debió estarla esperando un palacio sin hipotecas amén de una villa en el Mediterráneo.

Pero lo peor de lo peor, el insulto supremo, fue que en la familia hubiera un niño que llegó antes que ella. Su hermano Eric.

Según Amy, el problema es que a veces se le dan a Eric las cosas antes que a ella, que él obtiene algo más grande o dos artículos de algo de lo que Amy sólo recibió uno. La injusticia llega al extremo de que hay veces en que papá lleva a Eric a la tienda, le compra algo y regresa a casa sin llevarle algo a ella.

—¡No es justo!

—Te recuerdo que otras veces, vamos tú y yo a la tienda y compro algo sólo para ti. Ayer mismo lo hicimos y te compré un abrigo y unos zapatos. Y no le traje nada a Eric.

—¡No es justo!

Y pensándolo bien, tiene razón. ¿Cuál es la medida real de la justicia? Es un concepto vago, casi imposible de consolidar adecuadamente. Lo que podría satisfacer a mi pequeña heredera (y a la mayoría de los niños pequeños) no es que seamos "justos" sino que les demos todo lo que desean. "Justo" significa "Primero a mí". Cuando hay más de un hijo en la familia, no pueden evitarse las explosiones sobre quién recibe qué cosa, a quién se le da lo mejor, quién es el más inteligente y todo lo demás.

¿Cuál es la solución? ¿Gastar la misma suma de dinero en todos los hijos o comprar la misma cantidad de objetos para todos? ¿Acaso cada vez que compremos algo para Eric es necesario llevarle una ofrenda a Amy?

No. A Amy no le conviene que alentemos la idea de que puede confiar en que el mundo le ofrezca lo mismo que le dé a los demás. A los niños en quienes se cultiva esta idea, se les llama "consentidos" o "malcriados". Cuando estos niños malcriados salen al mundo, se sienten furiosos y frustrados porque el cuento de hadas no se hace realidad. Por lo general, intento algo parecido a lo siguiente:

—Quizás te parezca injusto que le hayamos dado algo a Eric y a ti no. Pero tú y Eric son personas distintas y los tratamos diferente. Ya te tocará que te llevemos a la tienda.

A veces la explicación no le sienta nada bien y se inicia la representación del Cisne Agonizante. Yo doy la media vuelta rehusándome a que me otorgue un papel en su drama. Tarde o temprano se repone.

No es cuestión de justicia. Es cuestión de equilibrio.

Defensa de las diferencias entre papá y mamá: inconsistencia

Sí, los niños necesitan vivir dentro de una rutina ordenada. Eso simplifica sus vidas, les da seguridad y libertad dentro de su ámbito.

Sí, todos los niños necesitan tener unos padres que estén de acuerdo en las reglas y los límites que guiarán su crecimiento.

NO: LOS PADRES NO TIENEN QUE ESTAR DE ACUERDO EN LA FORMA EN QUE HACEN QUE SE OBEDEZCAN LAS REGLAS. Es poco realista esperar que dos personas fundamentalmente distintas, que llegan al matrimonio con ideas diferentes sobre los niños estén de acuerdo en usar el mismo juego de herramientas para regular la conducta de un hijo.

El juego de herramientas de cada padre es especial, y cada uno de ellos se siente capaz y seguro con sus propias herramientas. Mamá se inclina por sentar a Junior en la silla de los castigados cuando no la obedece, mientras que papá está más propenso a que su mano haga contacto con las posaderas del heredero. ¿Y qué importa? No hay ni conflicto ni necesidad de desacuerdo. El hecho de que papá y mamá utilicen diferentes métodos para hacer obedecer las reglas es una diferencia de forma, no de fondo.

Lo que cuenta para la armonía de la familia es que papá y mamá estén de acuerdo en la importancia de la regla (Haz lo que te ordenamos que hicieras) y que ambos actúen rápidamente cuando Junior se les quiera salir de la canasta. De esta manera, papá y mamá estarán actuando en forma consistente aunque sus métodos difieran.

Pero los padres pueden obsesionarse a tal extremo con la necesidad de ser consistentes, que comienzan a pelear por sus diferencias de *estilo*. Y mientras discuten, la regla envejece y se empolva, y Junior descubre que de momento no reina ninguna regla, que a veces puede desobedecer impunemente y a veces no.

Ni siquiera es necesario que cada uno de los padres, cuando actúa a solas, reaccione siempre en la misma forma ante la violación de una regla. Mamá prefiere usar el rincón o la silla de los castigos. A veces envía al infractor a su habitación por media hora y en ocasiones mete la mano a la caja de herramienta de papá y le da masaje a las asentaderas de Junior.

Y papá no siempre propina nalgadas. A veces habla de hombre a hombre con Junior, en otras ocasiones lo castiga sin ver televisión y en ciertos casos, utiliza la silla de los castigados de mamá. Pero sin importar cuál sea el método que papá y mamá utilizan, LA REGLA SIGUE FIRME. Se hace respetar en forma consistente por una gran variedad de medios, pero el fin siempre es el mismo. Las reacciones de papá y mamá siempre existen cuando se viola la regla.

Hay una enorme ventaja en cuanto a ser impredecible en la forma en que los padres obligamos a los hijos a obedecer las reglas: Los mensajes pierden su impacto cuando se repiten demasiado. Ser exageradamente consistente conduce al fastidio y a la rigidez.

El exceso de consistencia también impide que los padres vean los cambios que ocurren en sus hijos y que se adapten a ellos. No limite sus opciones suscribiéndose literalmente a

UNA SOLA IDEA. Pónganse de acuerdo en las reglas y en NO ESTAR DE ACUERDO en la forma en que cada uno de ustedes las hará respetar. Aprecien y apoyen sus mutuas diferencias y hagan saber a los niños que MAMA TIENE SU MANERA DE HACER LAS COSAS Y PAPA LA SUYA.

Preocupación: el juego del futuro

Los Smith son una familia típica: El señor Smith trabaja de nueve a cinco de la tarde, y la señora Smith se encarga de la casa y del cuidado de Phil, el típico nene de tres años y medio.

Hace poco, la señora Smith decidió que había llegado el momento de enseñarle a Phil el bello arte de ordenar su habitación que, como sucede entre los niños de tres años y medio, estaba atestada de objetos tirados por todas partes: cubos, coches, barquitos, aviones, muñecos, calcetines y ropa en general.

—Ven conmigo, Phil. Te enseñaré a ordenar tu cuarto— Y tomados de la mano, entraron a la habitación de Phil. —Y ahora, ayudarás a mamá a recoger todo lo que está tirado en el suelo y a poner cada objeto en su lugar. Mírame y haz lo mismo que yo.

La señora Smith se arrodilló. Phil la observaba con gran atención. Su madre recogía los juguetes y le hablaba suavemente. —Este va aquí; este se guarda allá—. Phil seguía observando.

—Ayúdame, Phil. Coloca tu tambor en ese anaquel— Phil puso el tambor en el anaquel.

—¡Qué niño tan lindo! —dijo la señora Smith—. Sigue así, tal como lo está haciendo mamita. —Phil observó que su madre recogía otros juguetes.

—¡Phil! ¡No me estás ayudando! Recoge los cubos y ponlos en su caja—. Phil comenzó a recoger los cubos y, uno por uno, los fue poniendo en su caja.

—¡Bravo, mi vida! —alentó mamá mientras seguía recogiendo el tiradero. Cuando terminó con todo, se acercó a Phil que estaba sentadito, muy serio, sobre una montaña de cubos—. ¡Ya casi terminamos, Phil! ¡Unos cubos más y ya!

Phil se quedó sentadito hasta que mamá levantó todos los cubos.

—¡Recoge el último cubo y habremos terminado, nene! —dijo la señora casi fuera de sí por la emoción.

Phil recogió el último cubo.

Puntuación Final: La señora Smith: 78 juguetes, artículos de ropa y objetos varios. Phil: 1 tambor y 6 cubos.

Phil aprendió de inmediato. Es muy listo, dado que nació con corteza cerebral y neuronas adjuntas. Y cada día, poco antes de que el señor Smith regresara, madre e hijo iban a la habitación. Phil la observaba, sentadito, hasta que sentía que su madre ameritaba una recompensa por su trabajo y recogía un cubo o los palitos de su tambor y los colocaba en su sitio.

Eso llenaba de maternal satisfacción a la señora, que continuaba poniendo orden mientras el nene la observaba... sentadito. Cuando la habitación quedaba perfecta, la señora premiaba a Phil con un helado de crema. Cuando su esposo llegaba a casa, la señora siempre lo recibía con algo así como: —¡No te imaginas lo bien que está aprendiendo Phil a ordenar su habitación!

Phil, sentadito, la observaba sin dejar de sonreír.

Premios, recompensas e incentivos

—Si sacas la basura, te doy un premio. ¿Te parece bien, peque?

El concepto de que debe premiarse a los niños por su obediencia se ha puesto de moda con consecuencias muy desafortunadas. La idea es que los peques funcionan mejor cuando se les prometen recompensas tangibles como dulces, juguetes, dinero o privilegios especiales. En parte es verdad. Si quiere que su hijo o hija hagan algo tan mundano como ordenar su cuarto, ofrézcales un premio (dulce, helado o juguete). Y de esa manera, la próxima vez que quiera que ordenen su habitación, prepárese para hacer el mismo ofrecimiento. . . si tiene suerte y el pequeño está dispuesto a aceptar lo mismo y no pide aumento. Si la suerte no está de su parte, querrá más cantidad o algo mejor: Ayer fue un barquillo, hoy puede ser un Banana Split.

Los niños son muy impresionables y nada los impresiona tanto como lo que cae en sus manos o entra a su boquita. Por desgracia, muchos adultos sufrimos de lo mismo. Es el síndrome de "¿Y yo qué gano con eso?".

Cuando el niño aprende a esperar un premio por hacer cualquier cosa a favor de una tercera persona, resulta desagradable, pero no culpable. El niño es el adicto (a la recompensa) pero nosotros somos los traficantes (del soborno). La costumbre de premiar por aquello que *debe hacerse* se convierte en una situación de puerta giratoria que acaba atrapando tanto a los padres como a los hijos. El padre o la madre quieren que el trabajo se realice sin tener que enfrentarse a las excusas y argumentos del pequeño. . . el niño quiere el soborno acostumbrado y ya aprendió que si gana el mayor tiempo posible, papá o mamá azotarán con el precio del soborno.

Los niños requieren de ciertos instrumentos para enfrentarse a los desafíos de la vida adulta; entre estos instrumentos contamos las virtudes de ser trabajador, responsable y de tener iniciativa. Estas tres virtudes requieren la disposición para trabajar, aunque la recompensa sea intangible o se encuentre en un futuro remoto. Los sentimientos de orgullo y de logro son en sí las mejores recompensas inmediatas.

—Muy bien. No volveré a ofrecerle soborno a mi hijo para que coopere con lo que le pida. ¡Y a su vez, él no volverá a levantar un dedo para ayudarme! ¿Usted me dirá cuál es el siguiente movimiento?

Me alegra que me pregunte, señora mía. El siguiente movimiento le toca a usted. Usted funcionará como el Hermano Rabito y su nene será el Hermano Zorro. Comience por hacer una lista de los privilegios que ya disfruta el pequeño Hermano Zorro y que considera que ya son derechos inalienables y vitalicios. Cualquier actividad de la que él ya disponga pero que no se haya ganado, puede considerarse un privilegio. La lista puede incluir invitar a comer a sus amigos, salir en su bicicleta o acostarse más tarde que de costumbre.

Haga otra lista con las tareas y responsabilidades que el Hermano Zorro evita con tanta astucia. En esta lista puede incluirse guardar sus juguetes, bañarse, hacer la tarea, sacar la basura o pasear al perro.

Ya tiene usted dos listas y nene sigue sin mover un dedo. No se preocupe. El siguiente paso es revisar cada línea de la lista y plantearse la siguiente pregunta: "¿Cuándo?". Por ejemplo, dentro de la primera lista, pregúntese: "¿A qué hora le gusta salir en la bicicleta?". Y para la segunda lista: "¿A qué hora quiero que se bañe?".

Ponga una lista al lado de la otra y ya lo tiene todo. Conectando acertadamente, podrá construir reglas tales como: "Antes de prender la televisión... te bañarás". O bien: "Para que puedas salir con tu bicicleta después de la escuela, primero tienes que cambiarte el uniforme y sacar al perro". Conecte sólo un artículo de la lista de privilegios a cada regla (para empezar). Si lo siente razonable, conecte una o dos reglas más... su intuición se lo dirá. Por ejemplo, en mi casa es regla que mi hijo de doce años se bañe, haga la tarea y ordene su habitación antes de que se ocupe de sus modelos de armar. No nos interesa en qué orden cumple con sus obligaciones ni a qué hora lo hace. No se las recordamos, pero verificamos que haya cumplido con ellas antes de que se ponga a jugar y en ocasiones aplicamos un poco de "control de calidad" antes que saque sus cajas de modelismo.

De modo que estipule algunas reglas, ya que las reglas son el mejor instrumento de los padres. Esto también se conoce como "El Juego de El Padrino" porque le estará usted haciendo a su hijo una oferta que no puede rehusar.

¿O sí puede? ¡Naturalmente que puede y se rehusará! Los niños están hechos para someter a prueba *todas las re-*

glas. Igual que los químicos cuando quieren descubrir con qué se disuelve una sustancia, los niños someterán las reglas a todas las pruebas posibles, pero hay una sustancia en la que no se disolverán las reglas, y se llama consistencia.

Por consistencia quiero decir obligar a que se respeten las reglas bajo todas las circunstancias excepto las verdaderamente extremas. Si la regla tiene excepciones, si el nene descubre que la regla no soporta el *TEST DE STRESS,* no se trata de una regla sino solamente de un deseo.

Aquí también se involucra el asunto de si se es o no digno de confianza: Si usted establece reglas y no impone su autoridad hasta que se cumplen. . . ¿Será usted digno de confianza en otros aspectos?

Es factible que estos métodos no rindan los resultados instantáneos que ofrece el soborno. Requieren paciencia, una virtud bastante antigua. Pero como dijo el Hermano Rabito: "Nunca te prometí un jardín de cubos".

Castigo indoloro

Aún antes de convertirnos en padres, la mayoría de las personas tenemos conceptos fijos sobre el castigo. Uno de ellos es la moción de que el castigo debe acompañarse por cierta dosis de incomodidad. Sobre esto mismo, muchos de nosotros creemos que, dentro de ciertos límites, entre mayor es la incomodidad del castigo, más claramente recibe el niño el mensaje. . . diez manotazos en las asentaderas traerán más beneficios que uno en lo que se refiere a eliminar conductas inconvenientes; tres semanas bajo "arresto domiciliario" producirán un cambio más positivo y duradero que tres días.

Y eso es lo que causa tanta confusión cuando surge la necesidad de castigar. Pero el castigo no tiene que ser doloroso. En realidad, es mejor para todos que provoque la menor incomodidad posible. Debemos castigar para que el niño entienda claramente dos mensajes: "NO ME GUSTA LO QUE HICISTE" y "SOY YO QUIEN CONTROLA LAS COSAS

EN ESTA FAMILIA". No es necesario decir esas palabras. Esas serán las ideas y los mensajes que usted comunique independientemente de que el método elegido sea propinar una nalgada, enviar al chico a su habitación o retirarle un privilegio. Yo parto de la base de no causar dolor a mis hijos. Entre más dolorosa sea la experiencia (física o moral) para el pequeño, menos probable es que escuche el mensaje.

Pongamos la situación en claro: Si el nene se porta mal, no tienen que sucederle cosas malas. El castigo no debe considerarse como una retribución. *No debe causar sufrimiento, culpabilidad o remordimiento.* En realidad, el *castigo* debe ser "bueno" para todos los involucrados.

Consideremos el ejemplo de un pequeño de dos años que ha cometido alguna negra acción como lanzar la gelatina a la pared, a consecuencia de lo cual se le sienta en la silla de los castigados. Les juro que no importa que la silla sea de madera rígida o acojinada en terciopelo. No tiene que ser incómoda ni hay que ponerla de cara a la pared.

El acto de colocar al nene en *la silla,* dice todo lo que es necesario decir. Dónde se pone la silla, cómo es y cuánto tiempo se deja al peque en la silla, tiene poca relación con la posibilidad de que "lo vuelva a hacer". *Todos los pequeños de dos años* "lo vuelven a hacer". Cuente con eso.

Lo que importa es la disposición de los padres para actuar y ser firmes (JAMAS AGRESIVOS). Cuando el niño lanza su gelatina contra la pared, usted responde inmediatamente poniéndolo en la silla de los castigados.

Si centra su energía para conservar al pequeño en la silla durante un periodo determinado de tiempo, no habrá logrado la esencia del asunto, la meta. Aunque la criatura se levantase inmediatamente de la silla, usted habrá "dicho" lo que era indispensable decir. Si lucha con el nene respecto al periodo en que debe permanecer en la silla, estará transmitiendo lo siguiente: "No estoy segura de quién controla esta situación, tú o yo".

Para cuando el nene se levante de la silla, usted deberá estar mirando en la dirección opuesta pero si tiene la suerte de que el pequeño espere a que le dé permiso de levantarse, no espere más de dos minutos. Dos minutos después, el pequeño de dos años ya habrá olvidado por qué lo sentaron ahí. Pero algo se le queda, algo le indica que hacer un mural de gelatina acarrea "algo desagradable". No trate de arrancarle promesas o disculpas: No tiene sentido y sólo se provoca sentimiento de culpa cuando lo vuelve a hacer.

Si observa que el pequeño se dispone a abandonar su silla antes de que pasen siquiera los dos minutos, dígale que ya se puede levantar. Manténgase siempre un paso adelante en el juego. Si usted siempre toma la delantera, el nene aprenderá a dejarse guiar, o a buscar su orientación.

SEGUNDA PARTE

Sólo es una Etapa

Desde el nacimiento hasta los ocho meses

"Probablemente, los primeros ocho meses de la vida del niño son los más tranquilos en la vida de los padres", dice Burton White en su obra *The First Three Years of Life*. "Si se ofrece al bebé la cantidad suficiente de amor, atención y cuidado físico, la Naturaleza se hará cargo del resto. Como si hubiera previsto la incertidumbre que persigue a los nuevos padres, la Naturaleza ha hecho que los primeros seis u ocho meses estén tan libres de problemas como sea posible".

No cabe duda de que el doctor White hace que todo suene muy sencillo, ¿verdad? Pero hay niños que son más "fáciles" que otros. Está comprobado que entre los recién nacidos hay enormes diferencias de temperamento, niveles de actividad, cuánto lloran y con qué intensidad, su reacción ante diversos estímulos, sus tiempos y profundidad de sueño y qué tan sensibles son al medio ambiente.

Aunque a esa edad puede generalizarse más que a cualquier otra, estudiándolos con cuidado, nos damos cuenta de que sus diferencias son más que sus similitudes. Un bebé puede desarrollar una verdadera sonrisa sociable antes que otro, pero el bebé que fue más lento para sonreír puede ser más precoz para gatear. Y quizás siga gateando cuando el nene sonriente ya esté de pie y caminando. Alrededor de los seis meses, tal parece que el pequeño ya "eligió" una o dos áreas de su desarrollo para concentrarse en ellas. Si ponemos a tres niños de seis meses en la misma habitación, se verá cómo uno trabaja con energía aprendiendo a gatear, otro pasa el tiempo experimentando con el sonido de su voz y el tercero se concentra en desarrollar la destreza de sus deditos y la coordinación visual. Pero aunque la programación individual de cada niño varía considerablemente, la secuencia de su desarrollo es muy predecible.

Los rasgos de la personalidad surgen mucho antes de lo que esperan los padres. A mediados del segundo mes, los nenes expresan gustos y antipatías definidas, especialmente en términos de lo que les gusta ver, cómo prefieren que los carguen y qué dosis de estímulo necesitan y están dispuestos a tolerar.

En breve, cada bebé es fascinante y distinto por derecho propio. Desde sus primeras semanas de vida, comienza a definir qué quiere y qué espera de usted.

Los siguientes puntos son de especial interés para los padres que tienen nenes hasta de ocho meses de edad.

Chupones

Hay dos escuelas contrapuestas con respecto al uso de chupones. Una de ellas favorece el permitir que el bebé se chupe el o los dedos (dedistas). Estos puristas alegan que el dedo es un chupón natural e integrado al bebé. Los defensores del chupón (¿chuponistas?) señalan que al niño se le puede quitar el chupón (y la costumbre) pero que es imposible quitarle el dedo y tirarlo. Además, el chupón no deforma el paladar ni empuja los dientes.

Ambas escuelas tienen sus puntos de razón. La verdad es que el instinto de succión de los primeros meses de vida, domina el repertorio conductual del bebé. Comienza como un reflejo orientado hacia la conservación de la vida, entra al control voluntario después del segundo mes y disminuye durante los diez o dieciséis meses posteriores. Lo usual es que desaparezca al año y medio.

Teniendo presente lo anterior, me permito ofrecer las siguientes recomendaciones:

- Si su bebé se descubre el pulgar o los deditos, no interfiera ni trate de forzarlo con el chupón, que muy probablemente sería rechazado. Tenga presente que cuando el bebé se chupa el dedo, se estimulan agradablemente dos partes de su cuerpo: Boquita y mano. Una vez que descubra lo agradable de chuparse el dedo, no aceptará sustitutos.
- Si tiene lapsos periódicos de "inquietud" es posible que esté señalando que requiere más tiempo de succión. Si no hace el contacto mano-boca, intente el chupón.
- Procure usar el chupón mesuradamente, durante los periodos de inquietud.
- No utilice el chupón para retrasar la hora de su alimento. Si tiene hambre, déle de comer.
- Si su bebito no se inquieta, no se encuentra el pulgar y parece conforme con su dosis y tiempo de succión, no tiene objeto ofrecerle el chupón. ¡Dichosos de ustedes sus padres!
- De ninguna manera debe usarse el chupon CADA VEZ QUE LLORA EL NIÑO entre uno y otro alimento. Si su bebito está incómodo o fastidiado, revíselo y háblele con amor, tóquelo o téngalo unos momentos en brazos. Los chupones no sustituyen al amor.

Llanto

Algunos bebés lloran mucho, otros poco. Para ello, puede haber una causa identificable: tiene hambre, cólico o está en una posición incómoda. En otros casos, es sólo una forma instintiva de pedir atención. Pero hay nenes que lloran porque sí, simple y llanamente porque sí. Tal vez sea la forma de recordarse a sí mismo de su existencia, de hablar consigo mismo.

Para el tercer mes, mamá se vuelve muy sensible al lenguaje del llanto de su bebé y puede identificar las diferencias en tono y volumen, expresando sin lugar a dudas "Tiene hambre" o "Está fastidiado".

La mayoría de los bebés tiene periodos regulares de llanto, casi siempre en la tarde o al caer la noche. Estos brotes diarios de llanto suelen ir menguando alrededor del quinto o sexto mes. Les ofrezco algunas sugerencias, que utilizarán no sólo a criterio propio, sino a base de intuición, según los encuentren convenientes para ese pequeñito que es diferente a todos los demás:

• Cargarlo y mecerlo suavemente suele tranquilizarlos a todos, aunque la duración de la tranquilidad varía. Cada bebé tiene gustos diferentes y puede experimentar con posiciones diferentes, técnicas y ritmos hasta encontrar lo ideal para su pequeñito. La música suele tener un efecto tranquilizante. Si no tiene un aparato de música a la mano, cántele.

• A la mayoría de los bebés les gusta que se les mantenga en posición vertical, como para mirar por encima del hombro de mamá. A algunos se les facilita quedarse dormidos en esa posición.

• Procure sacarle cualquier airecito que se le haya quedado. Si no tuviera gas, las palmaditas en la espalda lo tranquilizan. Además, un bebé que llora a gritos, suele tragar aire en cantidades industriales.

• Háblele en tono suave, dígale que lo ama. Quizás no entienda las palabras, pero entenderá la intención.

Los papás

Con excepción de dar el pecho, los padres pueden hacer todo lo que hace la mamá. La anticuada noción de que sólo mamá puede satisfacer las necesidades del pequeño, ha conducido a que las madres se sientan más responsables por sus hijos de lo que realmente son, y a que los padres se sientan insignificantes, excluidos o cómodamente relegados. No cabe duda de que hay diferencias en la forma en que los padres y las madres interactúan con sus hijos, siendo invalorable la contribución de cada uno aunque sea diferente.

Dado que los hombres no fuimos educados para ocupar el primer lugar en el cuidado de los niños, muchos padres nos sentimos (al menos al principio) ineptos y torpes. Pero el padre que *elige* estar cómodamente al margen, o cuya esposa lo hace a un lado, termina como si desde el exterior observara la exclusiva relación madre-hijo. Este padre acaba por sentir celos y resentimiento hacia su propio hijo. A menudo, su reacción natural es poner todavía más distancia entre él y su familia involucrándose más y más en su profesión o su trabajo.

El otro lado de la moneda es la madre que protege exageradamente su papel como progenitor primordial. Es más fácil lograr que un padre renuente se involucre con su hijo, que conseguir que la madre extraposesiva suelte un poco a su bebé. Este tipo de mamá, acaba sintiendo que cría a su nene como en una pecera. . . se siente aislada, atrapada, impotente y con exceso de responsabilidad. Baste decir que un padre indiferente y una madre exageradamente posesiva interfieren con el desarrollo emocional del bebé.

La depresión después del parto

Es muy común que poco después del nacimiento del bebé, la madre experimente una profunda sensación de melancolía y depresión. El "decaimiento" puede ir y volver en forma de brotes moderados de inquietud y ansiedad, o pueden ser tan intensos y frecuentes que convenga buscar terapia de apoyo. Es probable que la depresión posterior al parto sea resultado de uno o varios factores combinados:

- Desilusión al constatar que la maternidad no es el acontecimiento mundial que todos pensábamos, amén de que ella deja de ser el centro de la atención general, que pasa automáticamente a ocuparse del bebé.
- Agotamiento porque noche tras noche está constantemente de guardia y a la orden de otro pequeño ser humano

que no solamente es desvalido sino que tiene el don genético de organizar tremendos escándalos y de arreglárselas para ensuciar la mayor cantidad posible de ropa.

- Ajustarse a un nuevo estilo de vida, a nuevas rutinas y prioridades (incluyendo el hecho de que sus prioridades personales parecen ocupar el último lugar de la lista).
- Cambios en la relación con su esposo y modificación de las mutuas percepciones de uno y otro. Puede experimentarse un sentimiento de pérdida, de que las cosas "jamás volverán a ser iguales".
- Dudas con respecto a si es apta para ser madre y a si realmente lo deseaba. Casi todas las madres pasan por un periodo en que hay cierto resentimiento leve hacia el bebé.

Cualquiera o varios de estos motivos son más que suficientes para estremecer la autoestima femenina, agregados al sentimiento impotente de que ya no hay marcha atrás, de que un pequeño es algo muy definitivo.*

Por favor no se sienta sola ni crea que sólo a usted le sucede esto. Regálese tiempo a sí misma y a su matrimonio. Entable relación con otras madres jóvenes. Y exprese sus sentimientos; le sorprenderá el alivio que representa saber que otras mujeres experimentan los mismos sentimientos.

Y me permito hacerle una sugerencia al flamante padre: Involúcrese. Entre como relevo. Ofrezca su colaboración para bañar, cambiar y alimentar a su bebé. Si su esposa se muestra renuente a aceptar su ayuda, es porque siente que ella "debe serlo todo a la vez" para el niño. De ser ese el caso, coméntele suavemente que los dos van en el mismo barco. Insista en que le deje ayudar y/o hacerse cargo total durante algunos periodos. Cuando el bebé despierta a medianoche, levántese con ella y convérsele suavemente mientras ella le

* Varias escuelas de medicina sostienen que la depresión posparto no tiene sólo causas psicológicas y se habla cada vez con mayor fuerza de los cambios hormonales del organismo femenino cuando termina el embarazo. (N. del T.).

da el pecho al pequeño; si lo alimentan con fórmula, tome el lugar que le corresponde en los turnos de la noche.

Entre más se involucre usted con el bebé y más apoye a su esposa, menos aislada se sentirá ella y más fuerte ante el hecho médico de la depresión posterior al parto.

¿Puede "malcriarse" al bebé?

Ni de chiste. El amor nunca hace daño (excepto en casos en que la mamá se siente llena de ansiedad y se involucra exageradamente con el bebito haciendo el vacío a su esposo, familiares y amistades). La mayoría de los expertos están de acuerdo en que no es posible "malcriar" a un bebito, pero la verdad es que hay muchos padres que han interpretado eso como la necesidad de correr cada vez que el pequeño comienza a llorar y tomarlo en brazos con verdadera angustia. Como podemos verlo en la sección del "Llanto", hay ocasiones en que el bebito llora sólo porque tiene ganas de hacerlo, no porque esté incómodo o requiera atención. Cuando ese es el caso, conviene dejarlo llorar un poco.

No pasa mucho tiempo antes de que usted sepa con certeza qué necesita el nene; el llanto se lo indica y su instinto maternal se lo traduce. Si el llanto es un intento de comunicación, no hay que dejarlo llorar solo; es indispensable atenderlo y hacer todos los esfuerzos posibles para consolarlo. La respuesta amorosa de mamá conduce a que desarrolle una actitud de confianza hacia el mundo en general y hacia usted en particular.

Durante una temporada, los niños lloran hasta quedarse dormidos, como si el esfuerzo de llorar les ayudase a conciliar el sueño. Llorar les ayuda a eliminar las tensiones que surgen durante la transición de la vigilia al sueño. Nosotros, los adultos, nos sentimos aliviados cuando estallamos en llanto por una situación emocional aguda. Claro que, por la propia tranquilidad de uno mismo, no está de más asomarse cada cinco o diez minutos hasta que el nene logra dormirse.

Si su llanto cambiara de tono y llorase más fuerte, levántelo de inmediato.

Hay ocasiones en que mamá o papá no logran distinguir si el bebé llora porque quiere verlos, y yo prefiero concederles el beneficio de la duda. Muchos estudios han demostrado que cuando los padres responden de inmediato a los gritos del nene que pide atención, el pequeñc se siente más seguro y al paso del tiempo llora cada vez menos.

El sueño del bebé

Hacia los últimos días de su segundo mes, el bebé comienza a dormir toda la noche. . . para la felicidad de sus padres. Se le da su último alimento a las once o doce de la noche y no despierta hasta el amanecer. La primera vez que sucede, despierta uno asustadísimo preguntándose por qué no llora el peque. Vaya a verlo, pero POR NINGUN MOTIVO LO DESPIERTE.

No es necesario andar de puntillas y hablar en voz baja cuando el bebé duerme; él continuará dormido mientras la vida sigue a volumen normal en la casa. Es mucho más importante bajar el nivel de estímulos CUANDO ESTA DESPIERTO. El exceso de ruido y actividad visual provoca inquietud en el bebé volviéndolo irritable y alterando su horario de sueño.

A las cuatro semanas de nacido, aparece el reflejo tónico del cuello. Cuando está acostado de espaldas, comienza a volver la cabecita y a extender el brazo del mismo lado al que vuelve la cabeza. El otro brazo aparece doblado en el pecho o cerca de él. Además de preferir voltear la cabeza hacia cierto lado, el bebito muestra preferencias por ciertas postu ras para dormir y es muy positivo respetar su preferencia

Al término del tercer mes, el bebé elimina su último alimento de medianoche y duerme alrededor de diez horas cada noche. *Este es el momento ideal para acostumbrarle a que se duerma siempre a la misma hora*. Esa rutina no sólo ayudará a que el nene sepa cuándo se acerca la hora de dormir, sino que también le dará la oportunidad para relajarse de sus actividades del día. De esta manera, habrá adquirido el buen hábito de acostarse siempre a la misma hora.

Con o sin la rutina anterior, su bebé llorará cuando lo ponga en su cuna. Es común que el niño use el llanto para inducir el sueño y duerme más profundamente si se le deja ilorar diez o quince minutos antes de dormirse. No interfiera a menos que llore con angustia.

Aun después del tercer mes, la mayoría de los bebitos sigue despertando ocasionalmente en la noche, haciendo ruiditos o lloriqueando; estos periodos de semivigilia son parte normal del ciclo de sueño. El bebé no requiere atención durante esos periodos y si lo dejan en paz, se vuelve a dormir. Si usted lo excita cada vez que despierta en la noche, lo acondiciona para que despierte invariablemente y para que le dé de comer.

Si para esa edad aún no duerme toda la noche, no trate de forzarlo manteniéndolo despierto hasta ya tarde, ya que le costará más trabajo dormirse, su sueño será inquieto y despertará molesto e irritable.

A los cuatro meses, su bebito aún dormirá siesta dos o tres veces en el día. Pero al cumplir los cinco meses, es común que ya sólo duerma un par de horas seguidas en la mañana o en la tarde. A pesar de ello, es bueno volverlo a poner en su cuna en la tarde. A él no le hace ningún daño descansar. . . y a usted tampoco.

Al octavo mes, la mayoría de los bebitos duermen doce horas en la noche y sólo una siesta en el día. A estas alturas, hasta el bebé más dócil y cooperativo, comienza a protestar con energía cuando llega la noche y es hora de acostarse. A esta edad, tiene muchos medios para manifestar su oposición: Ya gatea, se sienta y a veces hasta se pone de pie. Su nueva capacidad le estimula el interés por explorar el medio ambiente. Para el bebé es una de las épocas más emocionantes y no le hace maldita la gracia que termine el día. Además, los bebés de ocho meses se alteran más que los de seis o los de un año cuando se les separa mamita, lo cual puede acarrear problemas a la hora de acostarlo.

Este es el momento de ejercer una firmeza suave. Insista en la costumbre establecida con respecto a la hora de acostarse y por encima de las protestas del peque, comuníquele que la hora de acostarse es un hecho irreversible de la vida diaria. Su determinación, su decisión firme y el control que demuestre mamá en esta situación se convertirá en una fuente de seguridad y salud para su pequeño.

De los ocho a los dieciocho meses: su diminuto explorador

Para el bebé de entre ocho meses y un año y medio, el mundo cambia velozmente. Hay grandes adelantos en la coordinación ojos-manos y aumenta la destreza de sus deditos. Ya puede recoger objetos pequeños (botones, migajas. . . todo es interesante), lo cual aumenta más aún su interés en el mundo de las cosas pequeñas y aumenta el riesgo de lastimarse.

En ese lapso de diez meses entre los ocho meses y los dieciocho, el niño logra adelantos gigantescos en sus capacidades motrices, intelectuales y de comunicación. Es un periodo de "instrumentación" durante el cual, el nene se avía con la información y las capacidades que requerirá para dominar el medio que lo rodea.

Estos acontecimientos de maduración son de una importancia vital, ya que representan los cimientos de la autosuficiencia. Por vez primera, el pequeño puede realizar una cantidad importante de actos por sí mismo.

Impulsado por una insaciable curiosidad, va de un lado a otro tratando de reunir las piezas del rompecabezas para formar un panorama "coherente" del mundo tal como él lo conoce. Está convertido en un explorador, en un apasionado de la información, en un participante activo de la vida. Su propósito primordial, lo que consume todo su tiempo, su energía, su pensamiento, es la pasión por *saber*, por conocer los misterios del Universo.

¿Mamitis aguda?

Como en todos los casos, esta nueva libertad tiene su precio. Al mismo tiempo en que el pequeño experimenta una tremenda aceleración en sus capacidades, su madre telefonea al pediatra preocupada porque su nene se rehusa a desprenderse de sus brazos en presencia de quien no le es muy familiar. Además, verifica constantemente que sus padres no se hayan ido como si temiera que de pronto se fueran a desvanecer para siempre.

Hay varias razones (o una razón fragmentada en varias partes) por las que los nenes de esa edad, que parecen tan entusiasmados por probar sus alas, se muestran, dos minutos más tarde, tan temerosos de alejarse de papá y mamá.

La capacidad para explorar por sí mismos el mundo, reordena las prioridades del nene. Las características de los *objetos* (su textura, sabor y patrones de movimiento) se convierten en algo de primerísima importancia. En pocas semanas, el mundo se convierte en un lugar radicalmente distinto, y la perspectiva de aventurarse por sí mismos en este paisaje es aterradora y emocionante a la vez. Emocionante por la sensación de logro que se siente al abrir una puerta nueva; aterradora porque al nene le parece arriesgado dar esos primeros pasos hacia territorio desconocido.

Hasta el momento, todo lo que ha visto, escuchado o tocado ha sido cortesía de mamá, que lo lleva a él o le acerca las cosas. Mamá ha sido sinónimo de la satisfacción de todas las necesidades: alimento, comodidad y estímulo y desde el punto de vista egocéntrico del pequeño, las dos identidades están fusionadas. No distingue el "mami" del "mi".

Cuando el bebé descubre que puede hacer cosas por sí mismo, comienza a desarrollarse un sentimiento de separación de su mamá. Este es el primer indicio del sentimiento de identidad, de consciencia de sí mismo. Por primera vez en su vida, el niño dispone de opciones; puede controlar a cierto grado la distancia que lo separe de su madre y debe decidir qué tan cerca necesita estar de ella. Tiene que equilibrar su necesidad de sentirse seguro y el impulso de volverse cada vez más independiente.

El niño siente que le tiran simultáneamente en dos direcciones opuestas: Una vocecita le dice "Oye, ¡puedes hacer eso por ti mismo!". Si el nene obedece a ese llamado, abandona la seguridad que implica tener siempre cerca a mamá. La otra voz le suplica: "¡No! ¡Todavía no! ¡Atrapa a mamita antes que desaparezca para siempre!".

Qué tan bien resuelva el niño su conflicto, depende de una interrogante vital: *¿Cuánta seguridad se le da y qué respuesta obtiene en sus exploraciones y búsquedas primeras? ¿Es gozosa o frustrante su primera experiencia con la autonomía? ¿Son dolorosos o alegres sus descubrimientos? La persona que lo cuida (mamá) ¿le ayuda o le estorba? ¿Su ambiente es estimulante o tedioso? El futuro está en sus manitas. ¿Cuántos manazos recibe?*

Durante un tiempo, el peque intenta resolver su conflicto gravitando más cerca de su madre. Parece intuir que el vínculo con mamá es vital y que la presencia de ella es indispensable para su seguridad. Y lo común es que las demás personas se conviertan en una presencia amenazante dentro del universo del bebé. La gente cae sobre él sin darle la oportunidad de que la estudie y la clasifique y con frecuencia lo arrancan de brazos de su madre para darse el gusto de cargarlo. Su única protección es lanzar un alarido de horror y aferrarse a mamá.

Por desgracia, son pocos los adultos que comprenden la causa normal de ese rechazo; los abuelos se ofenden, el papá se encoleriza y la mamá se mortifica al verlos ofendidos. La siguiente pregunta ilustra la fase del abrazo compulsivo-materno del peque, a quien cuando comienza a caminar llamaremos El Navegante, ya que su paso es inseguro, tembloroso y pierniabierto como el de un marino que va sobre cubierta en medio de una tempestad.

A lo largo de la obra, utilizaré el formato Pregunta-Respuesta mostrando soluciones a muchos de los problemas típicos con que nos encontramos los padres.

(P) *Soy mamá de un bebito de un año, maravilloso, pero con mamitis. Hay veces en que se altera mucho sólo porque salgo de la habitación. Si yo ando cerca, no permite que nadie más lo tome en brazos, ni siquiera su papá. . .*

(R) Cuándo usted sale de la habitación donde está el niño, se establece el pánico porque él no controla la separación. Para él es muy diferente alejarse gateando; y es aterrador que sea usted quien se aleja.

Si el bebé quiere abrazarse a usted, deje que lo haga. . . si no quiere que nadie más lo tome en brazos, cárguelo *usted*. Entre más receptiva sea a sus expresiones de *necesidad*, menos durará esta etapa. La evidencia demuestra que entre más tiene que esforzarse el bebito para conservar cerca a su madre, más se apegará a ella. Eso no significa que dejarlo en una guardería o con una nana sea traumático. Siendo ese el caso, lo mejor es que mami lo entregue rápidamente a quien haya de cuidarlo. Entre más tiempo se quede mamá por ahí, más empeora la situación.

Y en lo que se refiere a los demás: Si en vez de lanzarse sobre la pobre criatura con los brazos abiertos se sientan y esperan, el bebé se acercará solo. Si no hacen movimientos súbitos que lo alarmen, quizás se quede cerca el tiempo necesario como para entablar amistad. En esta época frágil de su vida, el pequeño se siente cómodo y seguro *cuando la cercanía se maneja bajo sus propios términos, tiempo y condiciones.*

El pequeño aprendiz de hechicero

Entre los ocho y los quince meses, el bebé descubre que el

mundo está lleno de magia y que él es el Mago Número Uno. Cuando el niño se convierte en mago, no queda en tela de juicio aquello de que "La mano es más veloz que los ojos". Durante este lapso, los padres descubren mensajes y jeroglíficos pintados en la pared con lápiz de labios, páginas arrancadas del directorio telefónico y de la Biblia, el rollo de papel higiénico hundido en la tina, todos los libros tirados al pie del librero, la ropa fuera del armario y el gatito en el refrigerador. Naturalmente, la mano rápida es la del niño. Los ojos lentos son los de sus padres.

Al principio, los padres no parecen molestos. Se ríen y alaban al mago por sus funciones y numeritos. —¿No te parece divino? —murmuran.

Luego, se ponen celosos porque la magia del nene es mejor que la de ellos. Se ponen colorados, miran con frialdad y comienzan a aplicar la antigua mano veloz al traserito lento, sólo para dejar establecido que no han perdido la pericia. —¡Ay, pero qué travieso es este niño! —gimen.

El pequeño hechicero se esfuerza en vano por lograr que los ancianos comprendan. Inventa trucos nuevos, hace trabajar todo su ingenio, realiza más y mejores actos de malabarismo. . . sólo para que le recuerden la existencia de su defensa trasera que sigue igual de lenta para la huida. El pequeño mago traba conocimiento con el miedo y llega el fin. Los antiguos trucos ya no funcionan. En los años venideros, cuando toda la magia haya quedado en el olvido y sus ojos se hayan vuelto lentos, estará listo para, a su vez, convertirse en padre o en madre.

Los Navegantes y sus padres habitan mundos distintos. Los Navegantes viven en un mundo mágico de encantamientos, donde todo lo que ven, lo que tocan y escuchan es nuevo. Todo lo que sucede en el mundo del pequeño Navegante, ocurre por vez primera. . . y sucede para él, y sólo para él, para nadie más. El pequeño no conoce suficientes palabras como para explicar los acontecimientos extraordinarios, espléndidos, que ocurren en su mundo: no hay palabras para explicar cómo y por qué se desgarra el papel o se rompe el cristal en mil añicos. No hay razones para nada; todo es "porque sí". No es de extrañarse que los niños crean en la magia.

Cuando un huevo cae al suelo, la imaginación del pequeño de doce meses puede "ver" que se derrama un pedacito del sol. Su madre sólo ve un mugrero. Los deditos diminutos alcanzan objetos que se desarman, se caen y rebotan, se rompen o se diseminan por todo el piso: Para él, es magia pura. Para sus padres es una travesura que se traduce en pérdidas económicas, en ensuciar y en desorden. Pero aun en la travesura hay la emoción del descubrimiento y, por consecuencia, la razón del Aprendizaje, con "A" mayúscula.

El niño pequeño no tiene el vocabulario suficiente para comprender los "Porque sí" y "Porque no" de los adultos; él descubre al mundo experimentándolo directamente. Definitivamente, que las cosas se rompan, se extiendan por el suelo o reboten, está condicionado por la acción del niño, y a través de su acción descubre de qué está hecho su mundo, cómo se rompe, qué tiene adentro, qué puede sucederle a qué cosa, cómo y cuándo. La criatura debe experimentar *todo* esto antes de que para ella puedan tener sentido las palabras que usamos los adultos para describir el "Por qué". Y es así como estas travesuras mágicas también son la raíz y la causa del Vocabulario, con "V" mayúscula.

Con este tipo de travesura investigadora, a los niños a quienes se permite curiosear, aprenden que las palabras también pueden usarse mágicamente. Absorben rápidamente un amplio vocabulario y lo aplican muy bien. Estas "travesuras" también florecen para transformarse en imaginación y creatividad. Después de todo, los científicos son magos adultos curioseando y haciendo travesuras con el futuro.

La naturaleza investigadora y curiosa del nene es la fuerza que impulsa el aprendizaje y el logro. Lo malo es que también es origen de muchos accidentes infantiles. Durante esta fase crítica del desarrollo, *es imprescindible que se establezcan ciertos límites físicos,* tanto para orquestar la seguridad del pequeño como para ofrecerle un ambiente propicio para la exploración, el aprendizaje y la creatividad. El pequeño Navegante no puede adivinar cuáles de los objetos que lo rodean son peligrosos, ni apreciar el valor de artículos artísticos o inapreciables. Su naturaleza *le exige* tocar, sentir y probar todo lo que se encuentre a su alcance. Impulsado por un apetito insaciable de conocimientos, cuando ya puede desplazarse por sí mismo, está alerta en todo momento, explorando en busca de cualquier novedad.

Es inevitable que, en cualquier momento, ese irresistible impulso exploratorio lo conduzca hasta las frágiles figurillas de cerámica, la porcelana antigua, la colección materna de violetas africanas o lo que se encuentre al alcance de sus manitas científicas. La técnica más económica, simple y sensata para reducir el riesgo, es poner fuera de su alcance los objetos valiosos o frágiles. Al arreglar su casa "a prueba de niños", el límite entre "Tocar" y "Se Prohíbe Tocar", queda establecido por las propias limitaciones físicas del pequeño. Los padres que se rehusan o que no logran que su casa se vuelva "A prueba de niños", tienen que vigilar constantemente la ubicación y los actos de sus pequeños Navegantes. Esos padres jamás disfrutan de un momento de paz y sus niños suelen ser muy llorones.

Casi puedo escuchar la protesta de algunos de mis lectores: "Es que Alex tiene que aprender que hay objetos que no debe tocar. Además, me costó muchos años formar esa colección". Es cierto. Tarde o temprano, el pequeño Alejandro tendrá que distinguir qué objetos se pueden tocar y cuáles están prohibidos y fuera de sus límites. Pero la asociación entre tocar algún objeto y el sonoro manazo o el estruendo "¡NO!", se establece (y no siempre) a un alto costo en función de la paz mental del padre y del sentimiento de seguridad y capacidad de aprendizaje del pequeño.

Proteja sus artículos valiosos y frágiles guardándolos o poniéndolos en alto. Perseguir frenéticamente al nene por toda la casa tratando de tocar base antes que él significa una derrota anticipada. No tiene usted ninguna perspectiva de triunfo porque el nene tiene más energía y más decisión.

Relájense y disfruten de su hijo. Alimenten la curiosidad

del pequeño, pero no con violetas africanas o cristal de Bohemia. Pongan por toda la casa una gran variedad de objetos diferentes, de colores, formas y texturas distintas (pero que no sean juguetes). Permitan que el bebé "descubra" objetos irrompibles. Cuando los encuentre, enséñenle a jugar "toma y dame". Jueguen *con* el pequeño, no *contra* él.

El que la casa sea "a prueba de niños" es aún más importante, es realmente vital cuando hay pequeñitos en la familia: Detergentes, líquidos desmanchadores, medicamentos, pinturas y solventes, alfileres y agujas, frascos de cristal y envases, bolsas de plástico, aerosoles de cualquier tipo y herramientas, deben estar fuera del alcance de los niños. Las salidas de electricidad, los contactos, deben protegerse con unas pequeñas placas que se encuentran en cualquier almacén de prestigio. Una buena cerradura en las puertas que desemboquen a alguna escalera o un cancelito evitan fracturas y accidentes mortales. Hay que evitar el tipo de alacena o armario que no pueda abrirse desde adentro y que pueda sofocar al niño que, jugando, se introduzca en él. Esto incluye el refrigerador. Hay chapas y cerraduras adecuadas para cada mueble.

Los corralitos

Tienen ventajas y desventajas. Si se usan sabia y ocasionalmente, pueden ser favorables a la paz de los padres y representar un sitio seguro para los juegos del pequeño. Si se usa mal o demasiado, representa un obstáculo para el desarrollo normal del bebé. Cuando se deja al pequeño abandonado por periodos prolongados en su corralito, se fastidia, se siente frustrado y hay casos en los que sufre una profunda depresión.

Es todavía más nocivo usar el corralito cuando el bebé ya camina. Está comprobado que los nenes que pasan demasiado tiempo confinados en la cuna o el corral, son menos coordinados y tardan más en hablar. La desventaja que sufre el niño no es fácil de remediar. Según vaya creciendo su bebito, disminuya el tiempo que pasa en el corralito. Cuando comience a gatear, dele todo el espacio que pueda para que se desplace y explore a su gusto. Entre más oportunidades tenga el niño de ejercitar su curiosidad, será más inteligente y creativo. Si utiliza el corralito mientras plancha, guisa o lava, téngalo cerca de usted y hable con el pequeño mientras hace sus tareas domésticas. Eso lo mantiene alerta y estimula el desarrollo del lenguaje.

Proteja el bienestar de su pequeño hijo proporcionándole un ambiente seguro donde pueda explorar sin verse sometido a constantes frustraciones, fastidio o castigos. Estableciendo amplios límites físicos en una forma amorosa y sensata, no sólo tendrá usted la certeza de que no se hará daño, sino promoverá el desarrollo del niño y su propia tranquilidad.

(P) *Mi hijo tiene ocho meses. Desde los tres meses, lo meto al corralito durante periodos breves. Hasta hace poco, se quedaba muy tranquilo, pero parece que eso ya pasó a la historia. Ultimamente, no hago más que ponerlo en el corralito, y comienza a aullar como poseído hasta que lo saco. ¡Es un dilema! No puedo estar con él en todo instante, ya que hay ratos en que estoy ocupada y no puedo supervisarlo directamente, cosa que obviamente necesita dado que ya se pone de pie y se pasea apoyándose en los muebles. En otras palabras: Ni puedo dejarlo solo ni puedo dejarlo que ande suelto. Pero odia el corral. . . ¿Qué se puede hacer?*

(R) Antes que otra cosa, es necesario comprender que los corralitos no sirven como lugar de juegos en el sentido literal de la palabra "juego". Son horrendamente aburridos. En una área de no más de dos metros cuadrados, lo único que puede florecer es el fastidio. Y entre más juguetes y objetos se metan al corralito con la intención de entretener al niño, más atestados están sus dos metros cuadrados de espacio y más dificultades tiene para desplazarse restringiéndose aún más las posibilidades de juego del niño.

Antes de comenzar a gatear, la mayoría de los niños tolera el aislamiento relativo del corralito durante periodos cortos,. pero la nueva habilidad de gatear estimula el deseo infantil de explorar el mundo. Y una vez que descubre la emoción constante que obtiene moviéndose de un lado a otro y poniendo las manitas en todo lo que encuentra, no es probable que se quede felizmente sentado en el encierro del corralito. Agréguese a esto la inquietud de que el pequeño Navegante (de entre ocho y doce meses) no sabe bien a bien qué tan cerca o tan lejos quiere estar de su mamá. Este negocio de andar suelto por ahí es fascinante, pero al mismo tiempo tiene el problema de que lo aleja de la persona que más ama en el mundo: Mamita.

De manera que a esta edad, el niño se siente atrapado por *su propio dilema*. Quiere estar cerca y lejos de mamá, haciendo lo que le viene en gana. Se siente mejor si conserva el control personal de la distancia que lo separa de usted. Si es usted la que se marcha, el nene berrea, pero *si es él quien se aleja*, ¡adiós Madrid! Con el único objeto de verificar que usted no se ha vuelto invisible aprovechando que él estaba distraído, la checa a cada rato. Si descubre la presencia de cualquier "extraño", va directamente hacia mamá. Cuando usted lo coloca dentro del corralito, su nivel de ansiedad asciende dramáticamente: No solamente deja de controlar la distancia de la separación, sino que está imposibilitado para acercarse a usted.

Quisiera alejarme ligeramente del tema para contarle una historia real sobre los patos recién nacidos. Varios días después de haber salido del cascarón, los patitos se alinean detrás de su madre y la siguen a dondequiera que va. Esto se llama *grabamiento*. Después de unas semanas de seguir a mamá pata, se separan de ella. El etólogo Nikolaas Tinbergen inició un experimento para determinar qué sucedía si se alteraba el grabamiento. Se colocaron pequeñas barreras por el camino que acostumbraba seguir la mamá pata. Los bebés patos tenían que luchar por cruzar las barreras. El resultado fue clarísimo: Los frustrados animalitos persistieron en seguir a su madre mucho tiempo después de que otros patitos de su edad ya eran completamente independientes.

Antes de que el bebé inicie movimientos independientes, debe estar convencido, sin que haya duda alguna en su mente, de que su mamá estará a su alcance en cualquier momento de necesidad. Los corralitos frustran al bebé que comienza a desplazarse en la misma forma en que las barreras de Tinbergen frustraron a los patitos. Esa frustración convence al nene más que nunca de que no debe perder de vista a su madre.

De manera que, usar un corralito para alejarse de un niño que ya puede moverse por sí mismo, aumenta en alto porcentaje la probabilidad de que el pequeño no permita la lejanía de mamá y se aferre a ella cuando todos los demás chicos de su edad se están volviendo autosuficientes.

El mejor regalo que puede ofrecerle al pequeño que comienza a gatear es una área amplia y segura donde pueda gatear, sentarse, revolcarse, tocar objetos irrompibles y sentirse libre y feliz mientras usted se siente tranquila sabiendo que el nene está seguro. Experimentará los mismos temores de caer que todos los que pasan del gateo al caminar, pero en vez de congelarse y darse por vencido, seguirá adelante. La regla es muy simple:

Cuando el niño comience a gatear NO LO ENCIERRE. Déle seguridad a su espacio por su propia paz mental. Permita que su pequeño se desplace CON ABSOLUTA LIBERTAD dentro del área de seguridad de SU CASA.

¡Cuidado! ¡El nene muerde!

Durante el primer año de vida, morder es un acto casi exclusivamente exploratorio. La boquita del nene es un instrumento exploratorio tan importante como sus ojos y sus manos. Más aún: Las sensaciones que surgen al usar la boquita para explorar los objetos son extremadamente placenteras, de modo que casi todo lo que encuentre el pequeño va a dar ahí. El nene aprende a distinguir sabores, temperaturas y texturas con su boquita: Descubre qué es comestible masticando todo lo que se atraviesa en su camino, desde ceniceros hasta hormigas.

Con respecto a las personas, muchos pequeños buscan respuesta al mismo tipo de interrogante: "¿A qué sabrá mamá? Mmmm, no sabe mal. Además, hace ruidos interesantes y nuevos cuando hago esto. ¿Volverá a repetirlos si lo hago de nuevo?". Como beneficio adicional, el bebé descubre que morder alivia la molestia de sus encías. Alrededor del segundo año de vida, mordisquear se convierte en una forma de mostrarse juguetón y afectuoso. Es su manera de decir: "¡Oye, pon atención: Te quiero! ¿Jugamos?". Eso de morder sigue siendo muy agradable y el pequeño ignora que usted no comparte su éxtasis.

Algunos pequeños Navegantes descubren un nivel creciente de situaciones frustrantes, y confirman que morder con fuerza alivia la tensión que surge de dichas situaciones. El blanco más factible es la persona que esté más estrechamente asociada a su frustración.

De los dieciocho a los treinta y seis meses: ¡los terribles (espléndidos) dos años!

Los "Terribles Dos Años", me traen a la mente la imagen de niños gritando, arrojando objetos, llenos de maquillaje y lápiz de labios, comiendo jabón, rompiendo piezas de cerámica, diciendo a todo "¡NO!", corriendo como apaches dementes mientras mamita y papito lo persiguen, lo atrapan, lo nalguean, chillan y gritan como comanches desquiciados.

Si he de ser sincero, no es exactamente una imagen: Es el recuerdo vivo de mi primer hijo, Eric el Bárbaro. Vivir con el Eric actual es dudar de que sea el mismo pequeño que no durmió una sola noche completa hasta los dos años y medio. ¿Será el mismo a quien se conocía por el alias de "Mister Loco" o "Mister Rudo" de acuerdo a su estado de ánimo?

Hace diez años, nadie me hubiera convencido de que Eric iba a llegar en estado de cordura mental a los doce años, ni que pudiera convertirse en el chico estupendo que es ahora.

Me tomó varios años y volver a ser padre para entender que los dos años de edad pueden ser espléndidos. No cabe duda de que su reputación de edad terrible ha sido justa. Pero la diferencia entre terrible y espléndida no depende del niño, sino de sus padres.

La transformación más dramática y significativa en la vida de un ser humano ocurre entre los dieciocho y los treinta y seis meses de edad. Es toda una revolución que incluye cambios gigantescos en la experiencia que tiene el niño sobre el mundo y sobre sí mismo. Es natural que también su conducta sufra cambios dramáticos. Puede ser uno de los dos periodos de más alto *stress* en la vida familiar (siendo el otro la adolescencia). Pero *no es irremediable* que sea así. Como en la mayor parte de los casos, la clave para que sea espléndido en vez de terrible, la clave es *comprender*.

"¡Soy un yo!"

La infancia es un periodo de dependencia casi absoluta. Los niños dependen de sus padres para que los bañen, alimenten, vistan, cambien y hasta para que los lleven de un sitio a otro. Pero entre los ocho y los dieciocho meses, sus capacidades motoras, cognoscitivas y de comunicación muestran adelantos enormes en sus capacidades cognoscitivas (solución de problemas), motrices y de comunicación. Comienza a experimentar con la relación causa-efecto, descubriendo simultáneamente que pueden manipular el ambiente que los rodea. Los niños de entre ocho meses y un año y medio son recolectores de información. Se mueven sin parar cosechando información con ojos, manos y boquita. En esta etapa, el proceso de investigación funciona al azar. El niño no tiene planes fijos. . . solamente lo guía un impulso irresistible de saber todo lo que haya que saber sobre "todo".

A lo largo de sus exploraciones, el Navegante absorbe una cantidad increíble de información que, sin embargo, no sabe cómo utilizar. Es hasta alrededor del año y medio cuando descubre que puede actuar sobre su mundo para *provocar acontecimientos*. Es en este punto cuando sus sistemas de orientación cambian de piloto automático a piloto autónomo: Antes era un explorador, ahora es un *experimentador*, un alquimista decidido a hacer historia. . . por lo menos, su propia historia. A partir de este momento, las cosas sucederán en la forma en que *él* quiera que sucedan, y las personas harán lo que *él* quiera que hagan. ¡Adelante a toda máquina y que el cielo confunda a los torpedos!

Cuando se le revela el "sentido" de su ambiente, el Navegante comienza a interactuar con él *para resolver problemas y esclarecer interrogantes*. A los catorce meses de edad, cuando descubra la caja de las galletas sobre la barra de la cocina, se estirará en vano para alcanzarla, señalará y gritará hasta que llegue alguien en su auxilio. Varios meses más tarde, esta misma criatura empuja una silla hasta la barra, se trepa y baja las galletas por sí misma.

Al ampliarse su mente, también se amplía su mundo. La emoción lo consume y sólo puede expresarla a través de la actividad. Está en movimiento constante, metiéndose en todo, trepando a las mesas y a los libreros, bajándose de su cuna y de su sillita del automóvil, siempre un paso más adelante que sus padres. No acepta un "No" por respuesta. Después de todo, ¿qué importancia tiene un "No" cuando todo lo que le rodea y lo que lo empuja desde su interior grita "¡Sí!".

Una de las limitaciones que la Naturaleza ha impuesto al nene de dos años estriba en la brecha entre el desarrollo físico e intelectual, quedando favorecido el último. Sus cuerpecitos se han quedado atrás del desarrollo de su mente. Pueden estar capacitados para "detectar" la solución a un problema, pero no para que sus cuerpos realicen los movimientos necesarios para ejecutar dicha solución. Por ejemplo, el nene puede saber que cierto objeto o forma geométrica se ajusta a determinado espacio de un rompecabezas, pero no logra que sus deditos funcionen para ajustar dicha pieza en el espacio hecho para ella.

Es frecuente que esta disparidad constante se exprese en pataletas y berrinches constantes, violentos y, a veces, destructivos. Si alguien trata de ayudarle, es común que el nene enfurezca todavía más: Preferiría hacerlo por sí mismo y fracasar, que ver que otra persona SI está capacitada para triunfar en la empresa. Es comprensible. A final de cuentas, ¿quién es el que se está desarrollando?

Alrededor de los dos años y medio, en un brote relativamente súbito de percepción, el niño se da cuenta de algo importantísimo: "¡Soy un Yo!". Es el florecimiento de la conciencia, de la individualidad, es el "¡Ah... ya me doy cuenta!" más grande que ha experimentado.

Durante los dieciocho meses siguientes (aproximadamente) el nene está absorto en definir quién es "YO" y en establecer derechos claros e inalienables sobre su recién descubierto territorio psicológico. Se da cuenta, con desaliento, de que es imprescindible aceptar que su territorio y sus límites no son infinitos. El no representa al único "Yo" del mundo, sino sólo a uno de muchos.

A esta edad, los niños tienen que aprender que independencia es algo mucho menor que estar en libertad de hacer lo que les dé su gana. Así como el objetivo actual del niño es establecer su autonomía, la tarea, el objetivo de los padres, es iniciar el proceso de adaptarlo para que viva sanamente en sociedad, de comunicarle cuáles son sus límites e imponer reglas y fronteras que gobiernen la expresión de independencia del pequeño.

Poco a poco, el pequeño va comprendiendo que, con objeto de convertirse en una persona independiente, individual, debe ofrecer a sus padres y en especial a mamá, cierta medida de docilidad y obediencia. Ese sacrificio puede ser agobiante para el pequeño. Por todas las razones anteriores, el tercer año de la vida del niño es una época de relativa incertidumbre donde hay pocos momentos de tedio o rutina.

Dominado por la interrogante medular de si es más ventajoso "Ser o no Ser Independiente", el niño se convierte en la imagen viviente de una paradoja: Amoroso y abrazado a mamá, y dos minutos más tarde, rebelde, iracundo y desafiante. Ambiciona lo mejor de los dos mundos, pero lenta y dolorosamente se da cuenta de que no hay territorio intermedio.

¡No te vayas! ¡No me dejes!

Es común que el nene de dieciocho a veinticuatro meses reaccione ante la incertidumbre de esta revolución interna exigiendo más contacto visual, físico y verbal con sus padres (especialmente con mamá). Durante un breve periodo, necesita abrazarse de alguien como si fuera un puerto seguro en la tormenta. Si los padres se muestran tolerantes ante el deseo constante que muestra el nene de no perderlos de vista, lograrán que en poco tiempo, el pequeño adquiera toda la seguridad que le hace falta para atravesar esta metamorfosis.

(P) *Mi hijo tiene veinte meses de nacido. Desde el principio, fue un bebito maravilloso, pero últimamente no me puede perder de vista ni un instante. Me sigue por toda la casa y a toda hora exige que lo tome en brazos. ¿Cómo podría manejarse felizmente esta situación?*

(R) Paradójicamente, su necesidad de sentirla cerca, expresa la comprensión de que él es una persona por su propio derecho. Ya hizo una distinción entre "Yo" y "Tú". Entró en consciencia de que ustedes dos no son una mezcla, partes de un todo, y eso crea "espacio psicológico" entre ustedes. La distancia le permite comenzar a probar sus alas. . . alejarse más de usted y penetrar a la exploración de su medio ambiente.

Al principio, esta metamorfosis acarrea cierto grado de incertidumbre. Mamá ya no parece estar tan disponible ni tan accesible como antes. El pequeño no sabe cuánto pueda aumentar la distancia entre ustedes dos. Quiere volar, pero *no quiere* abandonarla. No cuenta con las palabras necesarias para expresar su ansiedad, de modo que la sigue de habitación en habitación, investigando si este cambio no es el principio de algún acto de desaparición. En otras palabras, antes de que pueda dar un paso gigantesco hacia el futuro, debe retroceder un paso hacia su pasado como bebito. En este juego de "¿Oye, mami, puedo...?" usted debe responder: "Sí, puedes hacerlo...?". Si pide que lo tome en brazos, hágalo; si quiere seguirla, permítalo. Entre menos obstáculos encuentre en su camino, menos difícil será la transición para todos los miembros de la familia.

Las raíces de los celos y la rivalidad

Durante este periodo de transición, el nacimiento de un hermanito puede ser muy difícil. El mayor de los hijos actúa como si el nuevo bebé fuera un intruso diminuto que, aprovechando que él estaba distraído, entró a formar parte del paisaje. Sintiendo que ese nuevo "alguien" le quitará su codiciable sitio junto a mamá, se regresa rápidamente para cerrar la brecha.

(P) *Tenemos una hija de dos años y medio y un hijo de seis meses de edad. Desde que nació el pequeño, nuestra hija nos pide que nos pongamos a mecer su cuna a la hora de acostarse. También exige que volvamos a darle biberón. A pesar de que han mediado varios berrinches, no hemos accedido a sus peticiones, pero se nos presenta un nuevo problema: Ya habíamos logrado que la pequeña hiciera en el baño, pero hace dos semanas comenzó a resistirse cuando quiero llevarla al baño y han menudeado los "accidentes". Parece hacerlo con toda intención; eso nos molesta. Ahora, exige que le pongamos pañales. ¿Sería conveniente volver a ponerle pañales e intentar adiestrarla más adelante?*

(R) Algo que su niño no necesita para nada, es la autorización de ustedes para retroceder si así conviene a sus intereses. Los problemas que describe usted son típicos cuando menos de tres años separan a un hermanito del nacimiento de un bebé. La posición de su hija en la familia cambió con el nacimiento de su hermano, creándole ansiedad y distrayéndola de su tarea básica de desarrollarse. Las razones de este tipo de estancamiento, no entrañan ningún misterio, y el problema se resuelve pronto. La llegada del bebé le recordó a su hija en un momento muy inoportuno, de cuán maravilloso era que la mecieran en la cuna, la alimentaran con biberón y que mamita le cambiara los pañales.

El papel de los padres es darle seguridad a la pequeña de que su lugar en la familia, aunque distinto y cambiante, sigue ameritando amor y protección. Y es indispensable convencerla, suave pero enérgicamente, de que no tiene más alternativa que aceptar. La época de los biberones y de los pañales ya pasó; está lista para avanzar y así será. No regrese a los pañales, aunque es probable que transcurra casi un año más para que no moje la cuna en la noche. No la siga por toda la casa preguntándole si quiere hacer pipí. Cuando se levante en las mañanas, condúzcala al baño, señale la bacinica e indíquele: "No olvides de poner ahí toda la pipí y la popó. Si quieres que mami te ayude, avísame". Si le pide que le ponga pañales, dígale que ya es una nena mayorcita, a quien quizás sólo en la noche se pueden poner pañales. Si sufre un accidente, cámbiela sin regañarla. Luego, llévela de nuevo al baño y recuérdele dónde debe hacer sus depósitos durante el día.

Aun ante la más activa resistencia, siga transmitiéndole lo que espera de ella en voz clara y tranquila. Ya lo he dicho antes, pero vale la pena repetirlo: Entre más autoritarios sean los padres, más exitosamente autónomos serán los hijos.

(P) *Tenemos dos hijos; uno de ellos acaba de cumplir tres años y el otro dieciséis meses. Mi problema es el mayorcito.*

Casi todo el día, exige mi atención constante... cárgame, cuéntame un cuento, juega conmigo, ayúdame... Si no acudo de inmediato a sus llamados, grita y llora hasta que corro a su lado. Se puso así desde que nació nuestro segundo hijo, y parece que cada día está peor. Esto es muy frustrante para toda la familia. ¿Cuál será el problema y qué se puede hacer al respecto?

(R) Parece que las exigencias del nene comienzan a dominar a la familia. Por el bien de todos, incluyendo el del nene, tiene usted que actuar antes de que el problema se arraigue firmemente en la vida de todos. Separe dos lapsos de tiempo al día: un lapso con el niño y uno sin él. Tal vez su tiempo con él deba ser durante la siesta del hermanito pequeño. Como quiera que lo decida, separe media hora para su niño mayor, al menos treinta minutos que pasará completamente entregada a él, haciendo *lo que él quiera*. Desconecte el teléfono y no abra la puerta.

Durante el lapso de otros treinta minutos, permanezca alejada de él, fuera de su vista y, si es posible, totalmente fuera de su alcance; puede ayudarle cualquier otro adulto. Vaya a su recámara y cierre la puerta. Salga a caminar un rato o vaya al supermercado. Es la hora de mamá. Sólo de mamá. Con respecto al resto del tiempo, permita que su propio sentido común le indique cuándo aceptar o rehusarse a sus exigencias de atención. Si puede dedicarse a él sin interrumpir algo que esté haciendo y lo estima conveniente, ¡adelante! Pero si proporcionarle la atención que exige en el momento en que la quiere significa abandonar lo que esté haciendo (y él se dará cuenta), diga "No" (excepto, por supuesto, si el nene está en verdaderos apuros). Si él reacciona como si estuviera representando el papel principal de una tragedia griega, condúzcalo a su cuarto sugiriéndole que la represente y llore ahí.

Yo supongo que la necesidad que sentimos los padres de dar lo mejor a nuestros hijos, es lo que nos conduce a semejantes aprietos. Las madres "buenas" no hacen llorar a sus pequeños. Las mamitas "buenas" lo sacrifican absolutamente todo por ellos. Este es el tipo de disciplinas con que nos autoflagelamos. Pero existe una enorme diferencia entre ser una "mami buena" y una pobre esclava.

Mientras usted desmantela el grupo de expectativas actuales que tiene su hijo mayor con objeto de construir expectativas nuevas, el niño prorrumpirá en gritos destinados a estremecer al cielo. Ya aprendió que los sollozos logran que usted se pliegue a sus deseos. Su llanto también significa que percibe un cambio en las reglas y los rituales que gobiernan su relación con usted. La incertidumbre de no saber qué sucede ni hacia dónde se dirige usted, estimularán una buena dosis de zozobra saludable para el nene.

A pesar de lo anterior, la mejor forma para ayudarle a contender con la incomodidad que siente su hijo, estriba en que usted trace firmemente el curso a seguir y permanezca dentro de él sin vacilación alguna. Podría servirle enviarlo a algún programa preescolar durante algunas mañanas. La breve separación les haría un bien enorme a ambos.

El nene: ¿convertido en *prima donna*?

Al acercarse su segundo cumpleaños, la personalidad del pequeño exige con renovada energía que se le dé reconocimiento absoluto. Los niños pequeños sienten un desprecio enorme por la virtud de la moderación. Su conducta se inclina hacia los extremos, así que cuando descubren su propio "yo", lo hacen surgir de maneras desesperantes para quienes lo rodean:

—¡No quiero... ! ¡No!

La rebelión es la forma en que su pequeño Navegante expresa su necesidad de ser una persona individual y de afirmar al máximo su identidad floreciente. Es importantísimo que los padres comprendan que esta conducta y sus múltiples manifestaciones tiene un sitio definido dentro del programa biológico. Por irritante que resulte, no deja de ser una afirmación de desarrollo, del proceso de ser una persona.

Si observamos lo anterior desde una perspectiva justa y adecuada, es menos probable que reaccionemos exageradamente ante la conducta del pequeño. Tenga muy presente que somos los padres quienes dirigimos la función a pesar de las protestas y la contrariedad de los pequeños. Es responsabilidad nuestra establecer límites y hacer que se respeten a través de medios firmes pero amorosos. Cuando reaccionamos ante estos pequeños motines con miedo o cólera, la realidad es que hemos perdido el control de nosotros mismos. Esto no sólo aumenta la ansiedad del niño, sino que alimenta la fantasía de que es más poderoso que nosotros. La lucha por el poder que brota de ahí, no conduce a ninguna parte.

Los patrones establecidos durante esta etapa temprana de la relación padres-hijos, tienden a ser perdurables y al irse endureciendo el molde, se vuelven más fuertes y más difíciles de romper.

Agresión infantil

Los pequeños de alrededor de dos años, son las criaturas más territoriales del Universo. El espacio inmediato que tienen a su alrededor y todo lo que en él se encuentre, es "¡Mío!". Las intrusiones a "su" territorio, amenazan al concepto que tiene el niño de sí mismo y, en consecuencia, le provocan un sentimiento de angustia. El niño pasivo, se echa a llorar; el niño enérgico ataca de alguna manera. Entre un grupo de Navegantes de dos años, los choques breves pero intensos por el espacio y los juguetes, son el pan nuestro de cada día.

Como si su estado de ansiedad no fuera suficiente motivo para la agresión hay que agregar que los niños de esta edad, consideran que los otros nenes no son parte de la humanidad, son insensibles a los sentimientos ajenos y todavía no conocen al remordimiento ni por el forro. El nene de dos años puede dar y recibir sobre una base limitada con los adultos y con niños mayores, pero le resulta casi imposible hacerlo con sus contemporáneos de dos años. Si se reúnen dos o más niños de esta edad aproximada, habrá los elementos suficientes para una pequeña guerra mundial. Pero no hay que perder el sueño por eso; en realidad, esto demuestra sus personalidades sanas y expresivas.

(P) *Somos dos amigas de toda la vida, y deseamos obtener su consejo sobre nuestras hijas, que son dos niñas de dos años una y la otra de veinte meses. Nuestras niñas son tranquilas y amables. . . hasta que se encuentran en el mismo lugar y al mismo tiempo. Cuando esto sucede (y es casi diario), pelean constantemente. Se tiran de los cabellos, se arrebatan los juguetes, reparten puñetazos, rasguños, y se niegan terminantemente a compartir. Mi amiga y yo estamos asombradas, porque la mayor parte del tiempo, nuestras hijas se entienden bien con otros niños. ¿Qué sucede y qué podemos hacer para remediarlo?*

(R) Sin querer, ustedes tropezaron con la fórmula infalible para organizar un campeonato mundial de box entre sus nenas. La receta es simple: Se mezclan durante dos o más horas diarias a dos o más Navegantes de dos años. Se observa cuidadosamente la reacción. Véalas propinarse moquetes. (¡Cuidado! Esta mezcla es altamente explosiva y en casi todos los casos arderá en combustión espontánea. Se recomienda a los espectadores que guarden su distancia).

El nivel de agresión que ustedes describen no sólo es típico, sino que anuncia el florecimiento de dos personalidades sanas y demostrativas.

Es muy importante que ustedes dos tengan muy presente su vieja amistad. Es el catalizador del conflicto: la amistad reúne casi diario a las niñas. Entre más se reúnan los pequeños de esta edad, más probable es que se desate la batalla campal. Es mejor, cuando se reúna inevitablemente a dos pequeños de estas edades, que su temperamento tenga características similares. Dos pasivos o dos activos se mezclarán de manera más compatible que un activo y un pasivo.

No permita que su amistad sea un obstáculo para la solución del problema, que en todo caso se resolverá solo y con el tiempo. Ustedes dos tienen mucho interés en que sus hijas se relacionen amistosamente. Si desde el principio la relación de las niñas hubiera sido espontáneamente afectuosa, se habría afirmado y fortalecido el vínculo que las une a ustedes. Pero si insisten en que la relación entre sus hijas sea una extensión de la de ustedes, el conflicto resultante puede convertirse en una amenaza para la amistad de ustedes dos.

Utilicen su amistad como una forma de contender con las interrupciones bruscas de los pleitos. Dentro de lo posible, concedan a las dos niñas tiempo y espacio suficiente para que resuelvan sus propias dificultades, y simultáneamente, pónganse ambas de acuerdo para intervenir cuando la guerra parezca salirse de control: Los niños de dos años, pueden lastimarse mutuamente aunque sea "sin intención".

Cuando se arrebate un juguete, quítenlo suavemente a la parte arrebatadora y dénselo a la parte arrebatada. Si es necesario, llévense a la más furiosa a otra parte hasta que se calme. Si ambas nenas enloquecen al mismo tiempo, sepárenlas hasta que estén tranquilas.

Pero por encima de todo, conserven ustedes dos su sentido del humor y sean para sus hijas un ejemplo de amistad y armonía.

(P) *Cuando mi hijo de dos años invita a jugar a un amiguito, pelean casi constantemente. Hoy, le dio un empujón a una niña, sin razón alguna... Le di una nalgada y lo envié a su cuarto. ¿Hice mal?*

(R) Me intrigó su frase de "sin razón alguna..." porque ilustra la forma en que frecuentemente los adultos malinterpretamos la conducta de los niños.

Cuando su hijo empujó a su amiga no lo hizo por alguna razón válida de adulto, sino "porque sí". Y así son los Navegantes. Luchan por los juguetes porque lo quieren todo AQUI Y AHORITA, y sólo conocen una vía para obtenerlos: No existen reglas, sólo lo que ellos desean y esperar no tiene nada de divertido. Esa es la causa por la que a esa edad y en esa situación, no asocian ni las nalgadas ni ninguna otra forma de castigo con lo que ellos hayan hecho. Los "razonamientos" tampoco logran cerrar sus circuitos mentales.

Invierta tiempo en consolar al empujador y a la empujada. Ambos están alterados, y usted debe asegurarles que su mundo continúa siendo un sitio seguro. Luego, póngase a jugar con ellos, enseñándoles con sus propios actos cómo jugar hombro con hombro sin que se desate una guerra. Conviértase en alguien que facilita las cosas, en un moderador, en un Henry Kissinger del cuarto de juegos. Pero tenga presente que el juego es *de ellos, no de usted.* Si la situación explota de nuevo, siéntelos en su regazo y murmúreles palabras suaves y afectuosas.

¿Resolverá eso el problema? No, hoy no. Pero a su debido tiempo, aprenderán lo que es la razón y la moderación. Mientras tanto, recuerde que USTED ES LA UNICA PERSONA QUE CONOCE LA PACIENCIA. . . USELA.

(P) *Tenemos dos hijas, de cuatro años y de un año y medio. He oído decir que la primera criatura es más agresiva, pero la verdad es que a menudo tengo que intervenir para que la bebita no lastime a Audrey, nuestra hija mayor. Si Audrey juega con algo y no quiere cederlo en el instante en que Molly lo exige, la beba reparte patadas, mordidas y cabezazos al tiempo en que arroja objetos contra su hermanita mayor. Yo comprendo que una nena de un año y medio tiene poco control sobre sí misma, pero ¿qué puedo aconsejarle a Audrey para que se defienda?*

(R) Da la impresión de que Audrey es tolerante, paciente y amable con Molly, especialmente si consideramos los abusos que soporta. Molly está entrando a su "primera adolescencia". Durante esta etapa, los peques suelen ser exigentes, rebeldes y, cuando se sienten frustrados, reaccionan con un berrinche o una agresión. Lo que usted describe es común.

En cierta forma, es muy afortunado que Audrey no sea mayor, ya que si lo fuera, los instintos territoriales egocéntricos de ambas niñas chocarían dramáticamente y la pasaría usted peor todavía.

Desde este instante, Molly necesita tanto como el aire que respira, la presencia constante de una mano suave pero firme. Ya es tiempo de que comience a descubrir quién es la autoridad que rige su vida y cuál es el comportamiento adecuado para con Audrey, usted y los demás adultos.

No debe usted responsabilizar a Audrey para que se proteja a sí misma de una pequeñita que no sabe contenerse. Sin embargo, hasta donde sea posible, permita que las niñas resuelvan *sus propios convenios* respecto a los juguetes y a otras cosas. Dígale a Audrey que no se permite golpear cuando Molly ataque, pero que debe protegerse alejándose de ella y pidiéndole ayuda para resolver el conflicto.

Cuando se trate de un juguete, encárguese de que Audrey lo recupere y trate de sustituírselo a Molly por otra cosa. No siempre le sentará bien el trueque. Si tira una pataleta, llévela a su cuna (con el barandal abajo para que pueda salirse) o colóquela en el suelo (si está alfombrado) dejándola que se revuelque a plena satisfacción y déjela sola en su cuarto. Eso le enseñará que existen reglas claras y constantes respecto a la frustración que resulta cuando el mundo no funciona de acuerdo a sus caprichos.

El síndrome de Drácula

Las mordidas, que son muy comunes entre los pequeños Navegantes, desafinan a los oídos de los adultos. Desde nuestra perspectiva civilizada, son actos irracionales y bárbaros. Cuando hay un mordelón en el grupo, usualmente perdemos de vista la otra agresión que puede estarse presentando junto a la mordida. La mordedura se convierte en el foco de atención y el niño que muerde se convierte en un chivo expiatorio. Si otro pequeño comienza a morder, la culpa recae sobre el primer mordelón, que seguramente lo "contagió".

Si esto sucede en una guardería (como es lo más común) los padres conciben la idea errónea de que por descuido o ineptitud, es la maestra quien "permite" las mordidas. Es importante comprender que los Navegantes no advierten que están a punto de atacar. . . simplemente, atacan.

Hace poco, me llamaron de una guardería para que observara a un mordelón. Sólo había cinco pequeños en el grupo, y yo estaba acompañado por otros tres adultos. Transcurrieron alrededor de cuarenta y cinco minutos cuando el mordelón hizo su numerito. Ninguno de nosotros previó el ataque y no pudimos impedirlo.

Tampoco los padres del niño pueden hacer nada respecto a lo que sucede en la escuela. La verdad es que, entre más responsables se sientan los padres, más probable es que discutan el asunto en casa y durante el trayecto de ida y vuelta a la guardería o sección maternal. Este tipo de atención sólo consigue que el atento oyente (el nene) muerda más y más. No hay nada "malo" en un Navegante mordelón. Es posible que, por casualidad e instinto haya aprendido que sus dientitos son una arma eficaz. Ahora, debe enseñársele a restringir este impulso: Será una entre muchas lecciones de autocontrol.

(P) *Dirijo una guardería y agradeceré sus comentarios respecto a uno de nuestros grupos de sección maternal, donde hay cinco pequeños, activos y plenos de energía, cuyas edades fluctúan entre los diecisiete meses y los dos años. Hace tres meses, uno de los pequeños comenzó a morder ocasionalmente, cuando algún compañero le arrebataba un juguete. A pesar de nuestros esfuerzos por impedirlo, sigue mordiendo un par de veces diarias, generalmente cuando el nivel de actividad del grupo es elevada. Las mordidas constantes han suscitado una reacción difícil de manejar por parte de los padres de los otros nenes. Parece que todos se levantaron en armas e insisten en que hagamos algo para detener al mordelón. El no es agresivo por naturaleza ni es el único morde-*

dor del salón. Tanto la madre del pequeño como la maestra comienzan a ponerse a la defensiva. ¿Qué nos sugiere?

(R) Diga a los padres del pequeño que no hablen del tema "mordidas" delante del nene. Ni siquiera me parece necesario tenerlos al tanto de todos los pequeños incidentes que ocurran en la clase; entre menos sepan, menos atizarán el fuego.

Lo más probable es que las mordidas se sucedan en periodos de excitación general, de modo que hay que aislar al nene cuando vaya a aumentarse el nivel de actividad. Proporciónenle una alternativa más serena mientras las cosas se nivelan. Cuando muerda o trate de morder, su maestra debe enfrentarse a él inmediatamente con un enérgico y firme "No", para proceder de inmediato a sentarlo en una sillita de frente al grupo. Debe hacerlo de inmediato, sin perder un instante, aún *antes* de consolar al pequeño mordido. Cuando la víctima se haya tranquilizado y ocupe su lugar, puede permitirse al mordelón que abandone la silla del castigo.

El tiempo se encargará del resto.

Los berrinches

Ahora procederé a demostrarles mi capacidad extraordinaria (?) para abarcar presente, pasado y futuro en una sola visión. Al cerrar los ojos y concentrarme, el mensaje surge entre las turbias aguas del tiempo, revelándose en una explosión de luz purísima. . . ¡Sí! ¡La revelación ha llegado! ¡El Gran Espíritu habla!

—*Los niños de dos años tiran berrinches. Esto viene ocurriendo desde el principio del tiempo y se perpetuará hasta la consumación de los siglos. . . ¿por qué tanto escándalo, pues?*

¡Buena pregunta, oh Gran Espíritu! Los padres nos inclinamos a exagerar el significado de los berrinches, y baste decir que cuando los adultos hacemos tormentas en vasos de agua, los niños aprenden a hacer lo mismo. Por ejemplo, algunos padres sienten que el berrinche se presenta porque ellos han cometido algún error al contender con las exigencias del nene (interpretando erróneamente las exigencias infantiles como si fueran una necesidad). En consecuencia, dan por hecho que *ellos* son los culpables del berrinche y proceden a desfacer el entuerto con carácter de urgencia. De manera que, habiendo dicho "No", proceden a decir "Sí". O habiendo recetado una nalgada, para eliminar su culpa, proceden a darle al nene el doble de lo que había pedido y cuya negación determinó la pataleta en cuestión.

Estas maniobras funcionan. El berrinche se interrumpe, el padre o madre se sienten aliviados y el niño aprende que los berrinches son un instrumento valioso para obtener lo que desea. De modo que organiza más y mejores pataletas.

Otros padres reaccionan al berrinche con más cólera que culpabilidad. Para ellos, el numerito significa que el niño no acepta su autoridad. Lo conceptúan como un motín y reaccionan demostrando su autoridad sobre el trasero del nene.

Lo paradójico es que, en esta situación, las nalgadas no son una expresión de autoridad: Son un despliegue de miedo, pánico y desesperación. Los padres que realmente conservan el control sobre su autoridad y su seguridad en sí mismos, están conscientes de que es natural que cualquier pequeño organice una pataleta ocasional. Si las nalgadas impidieran los berrinches, los berrinches desaparecerían. Pero no es así: siguen los berrinches y siguen las nalgadas.

Entre los dieciocho y los treinta y seis meses de edad, los berrinches prácticamente representan una respuesta refleja ante una frustración. Y lo más fácil del mundo es que el nene de dos años se sienta frustrado. Siempre quieren más de lo que cabe en su estómago y más de lo que sus bracitos logran cargar. La verdad es que una pataleta esporádica es una manifestación sana de la necesidad del niño de experimentar fungiendo como un rebelde.

Consiga que los berrinches sean esporádicos reaccionando ante ellos con actitud serena y razonable, tal como debe hacerlo la autoridad que no ha perdido el control. Cuando el pequeño de uno o dos años organice un berrinche, tómelo tranquilamente en brazos (¡aguas con las patadas!) y llévelo a su habitación. Deposítelo en su cama o cuna, para que si lo desea, pueda bajarse, o colóquelo en el suelo. Luego, márchese que no hay nada que discutir. Si le resulta indispensable decir algo, le recomiendo la siguiente frase célebre: "Aquí puedes seguir haciendo tu berrinche".

Empareje la puerta al salir. Si el nene sale antes de que haya disminuido el frenesí, regréselo suavemente. Cuando se tranquilice y salga de su cueva, no mencione su pataleta. No tiene importancia.

Así de fácil: Cuando se organice una pataleta, repita el procedimiento y el asunto jamás llegará a mayores. Papá y mamá siguen siendo los jefes. El nene sigue siendo el nene. Los vasos de agua son vasos de agua y no el ojo del huracán.

La tragedia de irse a la cama

(P) *Tenemos una nena de año y medio, que hasta hace poco se iba tranquilamente a la cama a la hora señalada, se quedaba dormida de inmediato y no despertaba hasta el día siguiente. Durante las últimas semanas, a la hora de acostarse, se transforma en una especie de monstruo. Grita como loca, se pone rígida y enfurece cuando salimos de su habitación. Siempre la mecía por varios minutos antes de acostarla. Ahora, tan pronto como comienzo a mecerla, empieza a gritar. Anoche, la función duró tres horas y media, mientras hacíamos hasta lo imposible por tranquilizarla. Por fin, se durmió en mis brazos, agotada. Ahora, despierta por periodos breves en la noche. ¿Qué hemos hecho para provocar esto y cómo podemos resolverlo?*

(R) Ustedes no han hecho nada que provoque la gritería nocturna. Su transformación de Doctor Jekyll a Mister Hyde, es la primera etapa de una revolución comúnmente conocida como Los Terribles Dos Años.

Ya pasaron los hermosos días en que su nena sonreía y hacía gorgoritos amables cuando mamá y papito la llevaban a su cuna. Las cunas quitan libertad y no son compatibles con su nueva forma de pensar. ¿Qué derecho tiene mamá de dejar de mecerla y de ponerla en la cuna? ¡No, señora mía! ¡Ninguno!

También ha llegado a la conclusión de que la vida sigue adelante en la casa cuando la ponen en su cuna y le apagan la luz. ¡Pero qué atrevimiento el de ustedes! ¿Cómo se atreven?

Para que la hora de acostarse transcurra armoniosamente, primero hay que quitarse de la cabeza que la nena grita porque ustedes hicieron algo mal. Ella grita porque ustedes le hicieron algo *a ella* (ponerla en la cuna) y no está dispuesta a tolerarlo. Es seguro que durante un tiempo no haya forma (excepto llevándola a dormir con ustedes. . . ¡NO LO HAGA!) de impedir que grite por un largo rato.

La próxima vez, tenga en cuenta que el horario de irse a la cama es importante por dos causas: Le creará a la niña una buena costumbre y evitará insomnio y desorden futuro. Además, es importante acostarla para que papá y mamá puedan ser nuevamente marido y mujer. La hora de acostarse es un ejercicio de aprendizaje sobre cómo separar a los hijos del matrimonio. Le recomiendo que adelante una hora el momento de acostarla. Comience entonces con los preliminares, póngala en su cuna y, gritos o no gritos, salga de la habitación. Recuerde que "padre que duda, pierde".

Estoy muy consciente de que a la pareja le resulta muy difícil olvidar que ambos son padres cuando un pequeño estremece la casa con sus gritos de ira y frustración, de modo que les aconsejo que programen un plan: Tomen turnos para "checar" con la nena cada diez o quince minutos. Entren con fingida naturalidad a su cuarto, recuéstenla si está sentada, den un beso a su tiesa y furiosa humanidad y salgan de la habitación. Tan pronto como ella comience a dar señales de que recibe el mensaje, pospongan las visitas a cada veinte minutos.

Mientras la nena berrea, usted y su esposo pueden charlar, jugar cartas o cualquier otra actividad que disfruten juntos. Apóyense mutuamente para hacer la transición de padres a esposos. ¡Serán gente de verdad otra vez! Eso es importante.

(P) *Nuestro hijo de veinte meses está instituyendo algunos cambios en la familia. Se ha vuelto muy activo y se niega a dormir siesta después de comer. Además, ya aprendió a bajarse de la cuna y la hora de acostarlo se convierte en una batalla campal. ¿Qué podemos hacer al respecto?*

(R) Antes de hacer algo, es vital entrar en consciencia de lo importantes que son estos cambios para el desarrollo y el avance de su pequeño hijo. A primera vista, su conducta puede parecer un signo de rebeldía, así que lo de la batalla campal suena a consecuencia lógica. Pero en el fondo hay mucho, muchísimo más de lo que aparece en la superficie. La transformación que tiene lugar puede describirse con mayor precisión en términos de un proceso subyacente. . . es la tierra fértil de donde brota esta conducta "rebelde".

Se ha iniciado la transformación de oruga a mariposa. Las orugas vuelan y los bebés bajan de sus cunas. Al expanderse la consciencia de sí mismo en su pequeño, también aumenta su visión del mundo. Todo adopta dimensiones nuevas y emocionantes, estimulando su asombro y su nivel de actividad. ¿Quién podría culparlo por negarse a permanecer en su cunita?

Este acto, no tan simple como parece, de bajarse de la cuna, es mucho más que cualquier acontecimiento atlético. Requiere y expresa un sentimiento de confianza, una seguridad irreprimible en su capacidad para alcanzar nuevos logros, metas distintas y, principalmente, afirma la autorización que el nene se ha conferido a sí mismo y que siente haber obtenido de sus padres para comenzar a desprenderse, a independizarse. Ya no tiene que quedarse inmóvil por el simple hecho de que usted lo depositó en la cuna, y eso es maravilloso. . . dentro de sus límites.

Tome el camino de la menor resistencia y del menor esfuerzo. En vez de intentar obligarlo a permanecer en la cuna, inicie un cambio gradual de cuna a cama. Permítale que le ayude a doblar y guardar la cuna y ponga el colchoncito en el suelo. Déjelo dormir ahí hasta que él mismo establezca los límites del colchón y no se ruede cuando está dormido. Entonces, múdelo a una camita normal.

Quizás fuera conveniente poner un pequeño cancel en la puerta de su habitación, especialmente si su casa es de dos pisos. El cancel lo mantendrá en su cuarto cuando lo haya llevado a acostar, pero le permitirá deambular por la habitación y dentro de límites razonables hasta que se duerma. De esta manera, no lo obliga a acostarse, pero le establece límites a su actividad cuando llega la hora de irse a la cama. Si se para junto al cancel y grita o llora, regrese a su habitación a intervalos regulares y vaya espaciándolos poco a poco (comience yendo cada diez minutos) ; háblele suavemente para tranquilizarlo, pídale que la acompañe a la cama, arrópelo y márchese. El esfuerzo no dará resultados inmediatos, pero a la larga sus frutos serán importantes para todos.

La mejor solución a su creciente nivel de actividad es poner su casa a prueba de niños, si es que todavía no lo hace usted. Esto no sólo garantiza la seguridad del nene, sino también la paz mental de sus padres.

Con respecto a su siesta: La verdad es que tratar de que la duerma, es una batalla perdida de antemano: lo único que puede usted exigir es que permanezca en su cuarto durante una hora después de la comida. Continúe poniéndolo en su camita para la siesta como parte de su rutina diaria. De ser necesario, ponga el cancel para que no se le salga de la habitación. Una vez que el nene se acostumbre al periodo de paz, es probable que vuelva a su siesta. Se duerma o no, utilice esa hora libre para usted misma. Durante los próximos años, entre mayor tiempo pueda reservarse para sí misma, mejor será para el nene.

Einstein no abrió la boca hasta los tres años de edad

(P) *Somos los padres de un pequeño activo y alerta, que acaba de cumplir veinte meses de edad. . . y no habla. Tiene un vocabulario limitado que se reduce a "mamá", "papá" y "adiós", pero obtiene todo lo que quiere a base de señas y gestos. Comprende a la perfección todo lo que le decimos, pero me preocupa pensar que pudiera tener algún problema de lenguaje. Hasta el momento, no lo hemos presionado para obligarlo a hablar, aunque nos han sugerido que no le concedamos nada a menos que hable para decir qué quiere. ¿Usted qué opina?*

(R) El vocabulario de tres palabras de un nene de veinte meses, no es materia de preocupación. De cierta manera, el vocabulario de su pequeño es bastante amplio. Todos los seres humanos tenemos dos vocabularios: Uno activo o expresivo, y el otro pasivo o repectivo. Nuestro vocabulario activo consiste en palabras que usamos para hablar o escribir, mientras que nuestro vocabulario pasivo incluye todas las palabras que somos capaces de comprender. Los adultos en general, comprendemos más palabras de las que usamos, y en los niños la diferencia es más marcada. A la edad de su niño, su vocabulario pasivo es el reflejo más certero de lo bien que progresa en el desarrollo del lenguaje.

No habla más, porque se encuentre en el umbral de los "Terribles Dos Años" que es una etapa traumática en la vida de la mayoría de los bebés. Es la agonía y el éxtasis de la infancia. . . y también de la paternidad. El niño que tiene alrededor de dos años, ve al mundo y actúa en él como si su pequeña personita fuera el eje mismo de la experiencia universal. También es la etapa en que da sus primeros pasos hacia la independencia, con el corazón dividido entre la necesidad de esos mimos que aún necesita tanto y su ansia frenética de sentirse independiente, ansia que se satisface controlando la situación. . . y a las personas. Sus necesidades de dependencia quedan cubiertas a través de su relación con ustedes, sus padres. Paradójicamente, estas necesidades se satisfacen no hablando: Al no hacerlo, está en posición de controlar ciertas situaciones, de prolongar su involucramiento con sus padres y, en el mismo paquete de oferta, de recibir mucha atención. ¿Verdad que es muy listo?

De modo que hay que cooperar con él, con naturalidad espontánea. No intenten obligarlo a hablar haciendo caso omiso de sus peticiones hechas a señas. Eso sólo crearía una lucha frustrante e inútil por el poder. Hablen con él, sin forzarlo a contestar. Cuando él se sienta listo y descubra otros métodos que satisfagan su necesidad de atención, decidirá que la palabra hablada es mejor y más eficiente que la pantomima.

Cuando un niño cumple dos años, puede recurrirse a una evaluación profesional de habla y audición en casos donde se presenten los siguientes indicadores:

- Ha cumplido ya los dos años, y utiliza menos de 20 palabras (dos, tres o cuatro meses de diferencia, cuando no han cumplido los dos años, son muchos. Si es menor de dos años, espere).
- Cuando su vocabulario de expresión no aumenta y el niño no muestra ningún interés en hablar.
- Cuando cada día depende más y más de señas y gestos.
- Si se muestra crecientemente frustrado en sus intentos de comunicación.
- En caso de que no reaccione y responda cuando se le habla o no parezca entender indicaciones simples.
- Cuando no parezca entender lo que usted le pide al mostrarle una ilustración y pedirle: "Señálame la pelota", "¿Dónde está el perrito?", etc.

El mundo maravilloso de los tres años

Como es entre todos los seres vivientes, el desarrollo de

los niños pasa por diversas etapas en secuencia. Cada fase se define por formas nuevas de interactuar con el medio ambiente, y cada etapa sucesiva representa una extensión y un perfeccionamiento de las anteriores.

El nene de tres años comienza a construir un sentimiento de iniciativa, de seguridad en sí mismo basada en la confianza y la autonomía adquirida durante sus primeros veinticuatro meses de vida. Durante los dieciocho meses anteriores a su tercer cumpleaños, el pequeño está concentrado en forjar un sentido claro de "¿QUIEN SOY YO?". Como es natural, su reciente y joven autoimagen es tan frágil como una vasija de arcilla que no ha secado.

La omnipotencia que sentía a los dos años, está patas arriba. Hubo un día en que era el rey del mundo... ahora sólo es dueño de unos cuantos juguetes, de una sensación vaga y cambiante de identidad y aunque su territorio actual sea tan pequeñito, sostiene una lucha constante por conservarlo. Así pues, no tiene nada de raro que el nene de tres años se sienta tan amenazado por cosas tan simples como la oscuridad, los ruidos fuertes y los chipotes en su cabecita.

La canción del ¡Ay, ay, ay...!

Por leves que sean, las lesiones físicas afectan terriblemente la comodidad emocional del pequeño tres añero. Hasta el dolor moderadísimo de un ligero rasguño puede estremecer el tembloroso asidero que tiene sobre ese "Yo soy" que, según siente, debe proteger con tanto cuidado para que no desaparezca tan misteriosamente como llegó.

Para empeorar la situación, el tres añero no sabe que las heridas cicatrizan y eso aumenta su miedo y su sentimiento de que es una personita desvalida.

(P) *Nuestro antes estable nene de tres años comienza a actuar con más sensibilidad que antes cuando se lastima. Se* *pone casi histérico por un rasguño o un raspón en la rodilla. Ni siquiera intentaré describir su reacción a una cortada. Hemos tratado de hacerle entender que sus heridas no son mortales, pero es inútil. Francamente, ya no sabemos qué hacer. . .*

(R) Los tres añeros y los nenes que apenas acaban de cumplir cuatro años, se han ganado a pulso la reputación de reaccionar al dolor leve tal como usted lo describe. No servirá de nada tratar de convencer a su hijo de que su percepción de dichos acontecimientos traumáticos es exagerada; eso lo arreglará el tiempo. Entre más hagan o digan al respecto, más exageradamente reaccionará el niño. Limítense a curar su herida, abrácenlo en silencio y esperen a que se tranquilice. Todo lo que el pequeño necesita es saber que están con él para así restaurar su estremecida sensación de "unidad" física y emocional.

¿Verdad que es agradable saber que no siempre es indispensable soltar un discurso?

Los temores

El miedo va de la mano con los nenes de tres años. El primero de la lista es el temor a la oscuridad, a quedarse solos y a "cosas que aparecen y hacen ruidos en la noche".

Los niños de tres años suelen traducir como amenazantes a ciertos acontecimientos muy comunes, a causa de la interacción de las tres características siguientes:

1) Su necesidad de proteger ese frágil sentido de identidad que acaban de adquirir. Según van volviéndose autosuficientes, los niños tienen que irse enfrentando con la ansiedad que les provoca alejarse de sus padres. Los temores vuelven más dramático ese proceso: Son expresiones simbólicas (y saturadas de fantasía) del sentimiento de vulnerabilidad del pequeño.

2) El florecimiento del pensamiento imaginativo. Los

nenes de tres años tienen la capacidad para conjurar imágenes mentales de cosas reales e irreales, pero carecen de la capacidad para controlar el proceso.

3) Su incapacidad para separar *la palabra* de *la cosa.* Si existe una palabra para algo, es "seguro" que la "cosa" correspondiente a la palabra también existe (monstruos, dragones, etc.). Los niños de esta edad, no pueden separar lo real de lo ficticio, ya que ambos están representados a través del mismo medio: el lenguaje.

Con frecuencia, los padres interpretamos los temores de los niños como una manifestación de inseguridad o de problemas emocionales futuros. Reaccionamos como si el miedo fuera una forma en la que el pequeño dice: "Ustedes no me cuidan como debe ser". Nos sentimos responsables de la ansiedad del niño, y tratamos de protegerlo de ella. Por desgracia, los padres que comunican al nene sus ansiedades, no hacen sino aumentar la sensación de desvalimiento del niño.

Tampoco el razonamiento funciona como arma para combatir el miedo. La explicación racional y el miedo imaginativo están en frecuencias distintas e incompatibles. El enfoque racional sólo *aumenta la sensación de soledad y aislamiento* del nene: Si sus padres no pueden ver las cosas como las ve él, realmente se encuentra desvalido y a merced de las "cosas" que lo acechan en la oscuridad.

El mejor enfoque es reconocer el miedo ("Comprendo que cuando se tiene tres años, la oscuridad puede ser aterradora"). Luego, hay que identificarse con el niño ("Cuando yo tenía tu edad, también me daba miedo la oscuridad"). Por último, reasegúrelo de que usted es capaz de protegerlo ("Voy a estar en la sala y desde ahí te cuidaré").

Permanezca lo bastante cerca como para que el niño se sienta protegido, pero no tanto como para que su presencia le dé validez al miedo.

(P) *Aunque parezca increíble, mi hijo de tres años y medio le tiene pánico a los periódicos. Dice que huelen muy mal* *y se niega a entrar a cualquier habitación donde haya diarios. También le tiene miedo a otros productos de papel: No acepta sentarse a comer cuando hay servilletas de papel, se niega a sonarse la nariz y quiere que yo lo limpie cuando va al baño. Se ha puesto muy necio con este asunto y si no cooperamos organiza un berrinche gigantesco.*

(R) La funcioncita del periódico es nueva para mí, pero no resulta más significativa que el miedo a la oscuridad o a las ranas.

Los pequeños no perciben la línea que trazamos entre realidad y fantasía. Su inocencia los vuelve vulnerables; mediante el mismo proceso que convierte a la tina de baño en un buque de vela, también le da vida a las sombras de la noche. En pocas palabras, y exagerando un poco para que sea claro, el niño se considera a sí mismo como la víctima de fuerzas siniestras que están más allá de su comprensión y su control.

Al acomodarse a sus exigencias y arreglar su mundo para "protegerlo", sus padres se convierten en parte del drama y le dan validez a sus temores. "Sí, el papel me hace daño; lo sé bien porque papá y mamá me protegen de él y de otras formas de papel". También puede utilizar el asunto para manipularlos a ustedes y tener el control de ciertas situaciones familiares: Por ejemplo, sus temores han alterado las comidas y han vuelto a esclavizarlos con respecto al cuarto de baño. Las luchas de poder entre el nene y sus padres, casi siempre se desarrollan a la hora de dormir, de comer y de ir al baño.

Con su actitud, el nene les está diciendo: "Iré a la mesa, pero bajo mis propios términos. Iré al baño por mí mismo, pero hasta el punto en que me convenga". Sin embargo, creo que realmente no tiene el control absoluto de sí mismo ni de la situación. Está convencido de que sus temores son reales. Entre más cooperan ustedes, más aumentan sus inseguridades y más temeroso se vuelve.

Es esencial que *ustedes* le definan la forma en que funciona la familia. Así como no veo daños mayores en dejarlo elegir si entra a una habitación donde haya periódico, tampoco deben permitir que los obligue a sacar el periódico de ahí. Con respecto al baño y a la mesa, no hagan concesiones. Háganle ver que él es un miembro de la familia y que su lugar en la mesa se organizará exactamente igual que los demás. Insistan en que se siente a comer con la familia y en que use adecuadamente su servilleta. Rehusen con firmeza ayudarle en el baño.

Devuélvanle el problema. Después de todo, él lo inventó.

El desarrollo intelectual

Los nenes de tres años aprenden poco a poco a enfrentarse con el retraso de los satisfactores. El pequeño de dos años siempre elige la gratificación inmediata, aunque sea menos atractiva, que aquella por la que es necesario esperar. El tres añero puede esperar un poco a condición de tener en qué ocuparse mientras espera. Esta capacidad para retrasar la satisfacción señala el fortalecimiento de la tolerancia y el aumento en el control de sí mismo.

Los niños de tres años tienen una memoria notable con respecto a los acontecimientos del pasado, y para recuperar mentalmente la información selectiva que requieran para la resolución de problemas. Por esa razón, los pequeños de tres años muestran más variedad en sus enfoques para resolver problemas. Si el primer intento hecho por el niño de dos años para resolver una situación problemática no funciona, suele estallar en cólera. No percibe que haya otra alternativa. En cambio, el niño de tres años que ha experimentado el mismo fracaso inicial, suele intentar la aplicación de una o dos estrategias más antes de sentirse agobiado por la frustración.

El nene de tres años aprende a partir de sus equivocaciones y utiliza su retroalimentación para modificar sus técnicas de solución de problemas. El surgimiento de esta mentalidad *prueba-y-error* es uno de los acontecimientos intelectuales más importantes de esta edad. El otro es el florecimiento del pensamiento imaginativo y de la creatividad.

De pronto, el niño de tres años muestra un gran interés por hacer cosas. Disfruta iluminando, pintando, moldeando en barro o plastilina y construyendo con cualquier material. Pero principalmente, los nenes de tres años pasan la mayor parte del día comprometidos en una actividad imaginativa autodirigida. Este acontecimiento pone de relieve su independencia e iniciativa. Por primera vez en su vida, el pequeño es capaz de ocuparse y divertirse durante periodos relativamente prolongados.

El niño de tres años utiliza su libertad intelectual para explorar y para entrar en negociaciones y avenencias con su inicio en el terreno social de la vida. Su juego imaginativo casi constante es un medio para practicar y prepararse para mayores responsabilidades sociales. *El niño de tres años, está jugando a crecer.* Su capacidad para representar escenarios sociales completos, le permite conservar suficiente distancia entre sí mismo y los acontecimientos reales; eso logra tener bajo control su nivel de ansiedad y proteger su autoimagen que todavía es frágil.

Amigos imaginarios

Unos días después del tercer cumpleaños de mi hijo, estuve un buen rato sentado en la escalera escuchando mientras él y otro niño jugaban en su habitación. Tras un buen rato de animada charla y gran actividad, Eric bajó trotando por la escalera. . . solo.

—¿Con quién juegas? —pregunté.

—Con mi amigo.

—¿Cómo se llama tu amigo?

—Jackson —respondió complacido.

No tengo ni la más remota idea de dónde sacó el nombre; creo que debió brotar del mismo lugar de donde salió Jackson. Cuando mi hija cumplió tres años, no creó un amigo imaginario, sino a todo un grupo que abarcaba a Soppie, Honkus, y al inimitable Shinyarinka Sinum.

La aparición de amigos imaginarios es una señal inequívoca en el tres añero de su interés en relacionarse con sus iguales. Con un Jackson o un Shinyarinka Sinum el niño puede satisfacer su enorme necesidad de afiliarse con sus iguales dentro de un contexto seguro y controlado al mismo tiempo en que practica sus habilidades sociales.

No hay que preocuparse por la cantidad de tiempo que inviertan los niños en este juego y los adultos no deben intervenir cuando el niño juega así. Cuando sea necesario interrumpir por motivos prácticos, hágase con sumo respeto hacia su "invitado". Los adultos jamás deben poner en tela de juicio la existencia de sus amigos imaginarios.

Ante la importancia enorme de la imaginación con respecto al desarrollo intelectual y social, me permito recomendar enérgicamente a los padres que no permitan que los pequeños de esa edad se acerquen a la televisión: Puede distraerlos y, a final de cuentas, aplastar la imaginación del pequeño. Al ver la televisión, el niño va a depender de algo que está fuera de él mismo para adquirir estimulación creativa. No se le permite que aprenda a ser creativo. El niño que está viendo la tele, no se está preparando para desempeñar un gran papel en la vida: En lugar de ser alguien que actúa, aprende a ser un espectador; se convierte en seguidor, nunca en líder. El pequeño televidente no ejerce su independencia ni ejercita su iniciativa. Aprende a ser dependiente, complaciente, irresponsable y falto de recursos.

Y esto es cierto hasta en el caso de Plaza Sésamo.

Kid Torpeza: se cae, tira, tartamudea y tropieza con las paredes

Durante el cuarto año de su vida, los niños actúan como si cada vez tuvieran *menos* coordinación. Es clásico que se tropiecen y se caigan más que antes, que se les enreden los pies al correr, que tiren todo y que parezcan los dueños del papel principal de Kid Torpeza. También pueden comenzar a ponerse tartamudos, a repetir varias veces una palabra y a favorecer o detestar ciertos sonidos.

Esta aparente torpeza física y verbal surge porque el niño está luchando por orquestar pensamiento, lenguaje y movimiento. Hasta ahora, el pequeño se enfocaba en cada una de estas tres áreas de desarrollo aislando hasta cierto punto a las otras dos. Ahora, comienza a reunirlas en un sistema coordinado. Antes, se concentró independientemente en aprender a caminar y luego a hablar; ahora quiere hablar y caminar al mismo tiempo; aunque muy simplificado, ese ejemplo expresa el tipo esencial de esta etapa de desarrollo del niño. Es un tiempo de reorganización e integración, y al principio las piezas del rompecabezas no se ajustan, ya reunidas, tan perfectamente bien como se ajustaban individualmente.

Desafortunadamente, es común que los padres reaccionen como si el niño hubiera desarrollado un problema súbito. Se dejan llevar por la ansiedad, pierden la paciencia y tratan de ayudar al nene a resolver sus "dificultades". La ansiedad de los padres le indica al nene que algo anda "mal", y las dificultades menores se convierten en grandes trampas. Esto queda comprobado muy especialmente en el caso del tartamudeo.

La regla más positiva es tener paciencia y apoyar al pequeño. Si por centésima vez derrama la leche durante un mes, en vez de lesionar la autoestima del niño (¡¿Pero qué pasa contigo?! ¿No puedes hacer algo tan simple como tomar leche sin organizar una laguna? ¿Acaso bla, bla. . ., bla. . . ?) diga usted algo así como: "A ver, mi vida, toma este trapo y ayúdame a limpiar. Recuerdo que cuando tenía tu edad también se me caía la leche".

Lo más común, es que el tartamudeo se vea agravado por la desesperación de los padres; puede cortarse de tajo si los padres se toman el tiempo necesario para escuchar al pequeño y mostrar verdadero interés en lo que trata de decir. Si comienza a tartamudear, SE PROHIBE HACER LO SIGUIENTE:

• Ayudarlo a terminar la frase (quitarle la palabra de la boca).

• Decir "Habla despacio", "Respira profundo y empieza de nuevo", y comentarios por el estilo.

• Discutir o comentar que el nene tartamudea (al menos, mientras él pueda escuchar el comentario).

• Interrumpirlo o decirle que vaya por ahí a tranquilizarse y regrese cuando pueda hablar "mejor".

Al pequeño que comienza a tartamudear, hay que hablarle despacio. Si el nene tiene problemas para decirle algo a usted, hágale preguntas que pueda contestar con tres o menos palabras. Si se queja de su propio tartamudeo, dígale que es frecuente que los adultos también tengan problemas al hablar.

Desarrollo social

Alrededor de los tres años de edad, el egocentrismo tremendo del pequeño da paso a un punto de vista más social de sí mismo con respecto a los demás. Aprende a esperar su turno (que es el acto que antecede al acto de compartir) y a jugar *con* (en vez de solamente alrededor de) otros niños.

Ya hay casos en que los tres añeros actúan como si pudieran ver una situación determinada desde el punto de vista de otra persona, aunque las expresiones de consideración son raras excepto para con quienes cuidan de ellos y para sus propios amigos. Los nenes de tres años se consuelan y a veces se sienten apenados cuando ofenden o lastiman a sus amigos de la misma edad.

Los peques de tres años ya forman relaciones temporales con otros niños de su edad o un poco mayores. No obstante, actúe con precaución cuando mezcle a dos o más tres añeros por primera vez: no comprenden el valor de los juegos sociales preparatorios, y se lanzan a toda velocidad a mutuas interacciones bruscas y de intimidad amistosa. Lo anterior provoca muchos encuentros agradables y muchos primeros encuentros verdaderamente desastrosos. Y la primera impresión cuenta mucho para el tres añero: cuando conoce a otro contemporáneo y en su primer encuentro se friccionan, es difícil que hagan una buena relación, y casi seguro que el segundo encuentro sea nefasto.

Pero los Encuentros Cercanos del Peor Tipo pueden evitarse si los padres están conscientes de los riesgos involucrados en reunir a los tres añeros, y si los supervisan muy de cerca, los organizan y los guían hasta que el juego tome su nivel adecuado de tersura y armonía.

Esta edad es buena para introducir al pequeño a la guardería o a la sección maternal. Tenga mucho cuidado al seleccionar la institución preescolar ya que el valor de la experiencia de su pequeño dependerá de la calidad del programa de la escuela. Las investigaciones señalan que, generalmente, los grupos escolares orientados al desarrollo producen lo siguiente en los niños: *a*) aumento en las conductas orientadas hacia alguna meta; *b*) aumento en el juego cooperativo; *c*) afirmación en las muestras de seguridad en sí mismo del pequeño; *d*) adelanto en la capacidad para resolver problemas, y *e*) aumento en la capacidad del niño para adaptarse a situaciones nuevas.

Los niños de tres años observan cuidadosamente a los demás niños y proceden a imitarlos. Aunque a veces es desesperante su tendencia a convertirse en "relojes de repetición", esta actitud es muy importante para el desarrollo de las habilidades sociales. A un nivel, la imitación es un juego, un intercambio casi ritual entre niños, que forma vínculos sociales de cooperación positiva. Por otra parte, la imitación es un programa de adiestramiento destinado a la adquisición de habilidades tendientes a la resolución de problemas. A otro nivel, para el niño representa un medio de poco peligro para experimentar con nuevas formas de conducta. Está comprobado que una vez que el tres añero observa a otro nene enfrentándose a una situación tensionante, suele emplear estrategias similares cuando la situación lo tensiona a él. Cualquiera que sea el motivo, los tres añeros son experimentadores de tiempo completo y, por lo tanto, poco predecibles en su conducta.

Esta es la edad de "prueba lo que sea". Pasan por esa fase de su vida probando todas las actitudes y conductas imaginables, viendo si les convienen o si agregan algo interesante a la imagen que tienen de sí mismos o a la imagen que ellos ven reflejada en otras personas según esas personas reaccionen ante ellos.

Los primeros tres años de la vida son vitales, porque en su transcurso se construye una personalidad relativamente perdurable. . . algo así como un guardarropa básico. Durante los dos años siguientes, el pequeño que ya tiene su "guardarropa básico", lo observa todo con sumo cuidado como quien compra accesorios (trátese de aretes o corbatas), que son trozos y fragmentos de conducta para agregar sal y pimienta a sus actitudes.

El nene se inclina a tomar prestados estos fragmentos de conducta de cualquier persona, pero da preferencia a la imitación de las actitudes de sus compañeros de juego y de niños mayores. La pasión que siente el tres añero por la mímica, es una señal clara de que comienza a identificarse con otros niños y de que entre él y sus compañeritos de juegos hay una circulación importante de influencia como modelos conductuales mutuos.

También es común la regresión al comportamiento anterior, muy especialmente, cuando llega un nuevo hermanito: piden biberón, tienen accidentes de pipí y popó, hablan a media lengua y exigen que los carguen y los abracen más que de costumbre. La mayoría de estas excursiones al pasado se manejan muy bien fingiendo demencia. No obstante, si demasiadas funcioncitas de este tipo en un periodo breve le indican que se está desarrollando un patrón estable de conducta, es necesario intervenir con autoridad antes de que endurezca el cemento.

(P) *Mi esposo y yo agradeceríamos sus puntos de vista sobre* *una situación que nos tiene desconcertados. Nuestro hijo de tres años y medio aprendió a ir al baño cuando tenía dos años. Desde entonces, le encantaba jugar a ponerse él mismo los pañales y el calzoncito de hule. Hace poco, para ir a jugar a casa de un amiguito, se puso varios calzones de hule, uno encima de otro, y cuando regresó estaba ligeramente húmedo. Pero desde entonces, ha vuelto a hacer lo mismo un par de veces. También he observado que, cuando juega a ponerse y quitarse pañales, hay veces en que tiene una erección. ¿Será bueno prohibirle que juegue con pañales y calzones de hule? Puedo agregar que esperamos un nuevo bebé dentro de cuatro meses. ¿Tendrá eso relación con lo que ocurre?*

(R) No encuentro nada insólito o anormal en lo que me cuenta, y su hijo es un tres añero clásico. Y no es que muchos chicos de tres años gusten de jugar a "disfrazarse" con pañales o calzón de hule, pero es típico que a esa edad sean imaginativos, experimentales y gusten de desempeñar papeles ajenos.

No es necesario prohibirle que juegue con su ropa de bebito, aunque le sugiero que le transmita claramente las reglas y lo que usted espera de él; debe ponderar si es inconveniente dejarlo jugar específicamente con pañales, por si eso hace pensar al pequeño que incluye el permiso de hacerse pipí y popó en el pañal autorizado; eso se agudizaría cuando llegara el nuevo hermanito y su tres añero compruebe que el bebé disfruta de esa prerrogativa.

Con respecto a la erección, le sugiero tener presente que la sexualidad del nene de tres años es difusa pero capaz de responder a cualquier tipo de estimulación agradable. En este caso, ponerse pañales y calzón de hule debe despertarle sensaciones cálidas asociadas con experiencias placenteras de cuando era pequeñito. . . de sentirse en brazos, que le cambiaran los pañales y actos por el estilo. Las respuestas físicas similares son comunes también en las niñas (por más que resulten menos obvias). Y la historia es la misma cuando se refiere a la costumbre de chuparse el dedo o una cobijita vieja a la que "convierten" en biberón o chupón.

Mentiras

La fantasía del tres añero es parte de su personalidad a tal extremo que la línea divisoria entre lo real y lo ficticio le resulta bastante confusa. Hasta que el niño cumple siete años, no es muy claro el significado de "verdad".

El niño pequeño tampoco capta íntegramente el concepto de responsabilidad: para él, las cosas simplemente ocurren y en su mente no queda claro hasta qué punto está involucrado en ellas. Por lo tanto, no puede esperarse en justicia que los niños de tres (ni de cuatro, cinco o seis años) sean cien por ciento veraces y no mientan jamás. Y el peor error es conceptuar su actitud como debilidad moral.

Al pequeño de esa edad es muy fácil asustarlo para que oculte la verdad. Si la amenaza del castigo se encuentra presente, la defensa natural del nene contra el dolor es decir "Yo no fui". Si le funciona, se sentirá aliviado porque logró evitar la cólera de sus padres. Se presenta, además, cierta sensación de gozo al darse cuenta de que su ocultamiento "funcionó". Y ese gozo puede formarle un hábito. Entre mayor sea la amenaza y más riesgoso el ocultamiento, mayor será la satisfacción de salir impune. De esa manera, el nene vuelve a tomar el cubilete y tira alegremente sus dados una y otra vez.

Hay ocasiones en que el engaño se descubre y son los padres quienes anotan gol con un par de nalgadas. Pero la mayor parte del tiempo, el engaño funciona por lo menos hasta el punto de confundir a papá y mamá, de modo que en ese caso, es el nene quien anota un gol.

(P) *Nuestro pequeño de tres años se porta mal y cuando lo interrogamos respecto a alguna travesura, lo niega todo. De todas maneras lo castigamos, pero nos sentimos mal porque* *él se muestra herido y ofendido. La verdad es que nos preguntamos si realmente sabe por qué lo castigamos y si estará convencido de que no hizo algo malo. ¿Cómo convendría manejar esta situación?*

(R) Más vale prevenir que lamentar. No le den oportunidad de que oculte algo que ustedes ya saben que hizo. En vez de preguntarle: "¿Tú le arrancaste todas las hojas a mis violetas africanas?", declare con firmeza absoluta: "¡Le arrancaste todas las hojas a mis violetas africanas y estoy muy enojada! Me harás favor de limpiar el tiradero de hojas y luego te irás castigado a tu cuarto". No le haga preguntas y el nene no le dirá mentiras.

Cuando varios pequeños juegan juntos y algo sucede, no vale la pena hacer el esfuerzo de jugar a "¿Quién lo hizo?". Además, los pequeños son habilísimos para designar al chivo expiatorio del grupo, señalando a veces al más pequeño o al que tiene un pasado más turbio: No se puede confiar en ellos como testigos fidedignos e imparciales. Cuando se trata de hermanitos que juegan juntos y cometen algún desaguisado, anuncie: "Como estaban jugando juntos cuando esto sucedió, los dos están castigados". En los casos en que su hijo sea parte de un grupo de amigos, interrumpa sus actividades y dirija la lección disciplinaria hacia su propio hijo.

Los ocultamientos y las mentiras son menos probables si no media la amenaza invariable de las nalgadas. Castíguelos retirando privilegios (el triciclo, jugar afuera, etc.). Es cierto que las nalgadas consumen menos tiempo, pero en estos tipos de situación, rara vez dan resultados perdurables.

Castigue el acto y haga caso omiso del ocultamiento. No le prometa a un niño que le irá mejor si dice la verdad o que se le castigará al doble si miente. Esta especie de "yo te ruego" es muy confuso para los pequeños y le indica al niño *que usted espera que mienta.* A menos que quiera que crezca la semilla en la mente de su pequeño, no le siembre esa idea. El niño que se porta mal, debe ser castigado inmediatamente. NO deben mediar negociaciones o moratorias que distraigan la atención de lo sucedido.

"¿Es mío. . . ?"

Hasta poco tiempo antes, el punto de vista egocéntrico del nene le indicaba que existía un solo territorio y un propietario único y universal: El mismo. Parte de crecer es aceptar la realidad desalentadora y triste de que los demás también son dueños de una rebanada del pastel total. Esto exige que la criatura civilice su concepto del mundo aprendiendo la implicación real de las palabras que empleamos para definir "posesión".

La tarea es difícil y las líneas divisorias que separan "mío" de "tuyo" son casi invisibles. Por ejemplo, para el nene no hay nada real que distinga "mi" de "mi camioncito de bomberos".

Los pronombres posesivos (mío, tuyo, suyo, nuestro, de ellos) son abstracciones que se refieren a la propiedad. Para los nenes de tres años y medio, es muy difícil comprender los conceptos abstractos, que se encuentran a varios pasos de distancia de su mundo de color, sonido, tacto, olor y sabor. Para el nene de tres años, el asunto ese de que "el camión de bomberos es rojo" tiene sentido porque el rojo puede *verse. Puede experimentarse directamente.* Pero eso de que "Este camión de bomberos es *mío*", no tiene sentido. "¿Dónde está mío y qué es?" se cuestiona el niño.

Tratando de comprender las abstracciones, el nene las traduce en conducta, y es frecuente que su comportamiento corra en sentido contrario al mensaje transmitido. Por ejemplo, la palabra "No", también es una abstracción que se refiere a *la ausencia* de un acto. "Siéntate encima del perro" tiene sentido para el pequeño de tres años porque el mensaje es concreto y realista. Por el contrario, "No te sientes encima del perro", complica considerablemente la situación. El niño se queda perplejo y en un intento común por resolver su confusión, suele caer sentado a plomo sobre el desdichado perro. Y dado que no podemos comprender la conducta del nene desde su punto de vista, desde su propio contexto, decidimos que el pequeño es "desobediente" o que "bien sabe lo que hace". Pues no: Nada más lejos de la verdad.

(P) *Durante los últimos tres meses y en cuatro ocasiones distintas, mi hija de tres años y medio me ha mostrado objetos sustraídos de casa de una amiguita y de la guardería. Después de cada incidente, he hablado serenamente con ella procurando no darle importancia al asunto, pero no estoy segura de si eso es lo adecuado. ¿Acaso el asunto es más grave de lo que yo quisiera admitir? ¿Debí castigarla? ¿Qué me sugiere que haga si vuelve a suceder?*

(R) No se preocupe. Casi todos los niños de esa edad hacen el numerito del "dos de bastos" o "deditos pegajosos". Eso no debe calificarse como robo, y las causas son muy diferentes a las del delito. En el sentido absoluto y literal de la palabra, su hija es completamente inocente.

Durante los años preescolares, "tomar algo" es una conducta experimental... carente de mala intención. Para empezar, la nena está poniendo a prueba la reacción: "¿Qué hará mamá si yo... ?". Es probable que al tomar lo que se le indica que no es suyo, la niña esté jugando a definir la diferencia entre "suyo" y "mío".

Lo que debe hacer es ayudarla. La nena plantea una interrogante y usted debe proporcionar la respuesta. Reaccione tranquila y directamente: "¡Ah... te trajiste un juguete de la casa de Bobby. Este juguete es *suyo*. Le pertenece a Bobby. Iremos juntas a su casa y se lo entregaremos a Bobby".

Es indispensable que devuelva usted el objeto de inmediato, mientras el asunto y la interrogante aún están frescos en la mente de la pequeña, y es imperativo que la acompañe a cumplir la misión.

NO es importante que ella *confiese, se disculpe o devuelva en mano el juguete.* Esos requisitos sólo sirven para castigar su pregunta y oscurecer la respuesta. Es suficiente que vea que usted devuelve el juguete y ofrece una disculpa. Conserve la lección directa y simple. No conviene aderezarla con pena o culpa.

"¡Juega conmigo!"

En su mayoría, los niños de tres años ya tienen resuelto el conflicto que rodea a la independencia y a la dependencia, aunque hay ocasiones en que todavía se sienten tentados a ceder el terreno ganado y replegarse a un estilo de vida que les garantiza comodidad y seguridad. La independencia implica riesgos, y es necesario recordar que el nene de tres años carece de un mapa que le señale el camino: la dependencia es segura y adictiva. Una de las formas comunes para expresar que tiene las pasiones encontradas es colgarse de mami y decirle: "Acompáñame a jugar".

(P) *¿Cuánto tiempo debo jugar diariamente con mi hijo de tres años? No trabajo, de modo que dispongo de todo el tiempo del mundo.*

(R) Me hace una pregunta difícil para la cual no hay respuestas generales y definidas. A la edad de su niño, aún debe haber mucho tiempo en que se sientan juntos sólo por gusto, pero sus responsabilidades maternas no incluyen la de convertirse en su compañera de juegos. En realidad, aunque él exija con insistencia que se pase el día entero jugando, en esta etapa eso es lo que menos falta le hace. No necesita un grado de atención tan elevado en ese terreno. De los adultos necesita protección, afecto y control. Necesita que los adultos le lean en voz alta, organicen y arreglen su espacio de juego, refuercen su iniciativa, alienten su independencia y le den ideas que pueda usar en nuevas direcciones autosustentadoras.

Podemos mencionar que uno de los indicadores más parecidos de la maduración sana del niño de tres años, es su capacidad para ocuparse y divertirse por sí mismo durante periodos significativos de tiempo. Eso no significa que los padres dejen de jugar con su pequeño cuando haya cumplido tres años. Los tres añeros necesitan estar seguros de que sus padres aún se encuentran disponibles. . . pero no hay que perder de vista que entre más se conviertan ustedes en compañeros de juegos del nene, más se deteriorará su autoridad de adulto y más se lesionará la autonomía del nene.

Establezca límites con respecto a cuándo jugará con el nene y cuándo no. No tema decir "No" aunque el pequeño aúlle. Busque un programa preescolar e inscríbalo para que vaya unas tres veces por semana.

Y al cuidar de la independencia de su pequeño, no olvide la suya.

Los pequeños de cuatro y de cinco años

Los juegos del tres añero, no siempre persiguen una meta y suelen ser improvisados. Los inicia por sí mismo y se ocupa en ellos durante periodos relativamente prolongados, pero juega única y exclusivamente en el presente, en el "aquí y ahora". No tiene en mente ningún objetivo y juega por el placer de jugar.

Los niños de cuatro y cinco años, comienzan a establecer metas y a dirigir su actividad hacia alcanzarlas. Si le pregunta al tres añero: "¿Qué haces?", le responderá "Estoy jugando". La criatura de cuatro o cinco años, contesta más específicamente a la misma pregunta y menciona el propósito de su actividad: "Estoy construyendo un barco".

Esta capacidad para conceptualizar y trabajar rumbo a un logro predeterminado, es el siguiente paso en el impulso infantil para dominar su medio ambiente. Señala la aparición de las motivaciones en pro del logro. . . el deseo bien enfocado de crear, de hacer, de consolidar.

Los niños de cuatro y cinco años, expresan su necesidad de logro en una gran variedad de formas. Comienzan formándose intereses definidos y, a menudo, relacionados con su sexo. Los varones se identifican con el modelo de su padre, según el papel que el progenitor desempeñe, mostrando interés en actividades similares: Jardinería, deportes, automóviles, etc. Expresan mayor necesidad de aprobación y compañía paterna y se aficionan a actividades relacionadas con su padre (jugar con herramientas). Por su parte, las niñas forman vínculos estrechos con su madre y exhíben una preferencia clara por la conducta y las actividades que, conforme a los estándares de su familia, sean de naturaleza femenina.

A esta edad se estabiliza la identidad del género. Los pequeños de cuatro años descubren que los niños crecen para convertirse en hombres y las niñas en mujeres. El surgimiento de la conducta sexual "precoz" es la forma en que exploran los niños de esta edad y en que, por consecuencia, comprenden la misteriosa diferencia que hay entre los sexos. Como es de esperarse, las estrategias que utilizan para obtener respuestas, son directas y no intencionales. Es la edad de "Vamos a jugar al doctor" y de "Enséñame y te enseño", y casi siempre desata la consternación de los padres.

"Si me lo enseñas, yo también. . ."

"Eran tantas las risas y las carcajadas, que subí a la habitación de mi hija para preguntar cuál había sido el chiste. ¡Todas estaban desnudas! Saltaban por todo el cuarto pegándose con las almohadas. Me quedé parada en la puerta, completamente congelada y muda".

"Bobby ya llevaba mucho rato en el baño y fui a ver qué sucedía. Mi sorpresa fue mayúscula. Creí que estaba preparada para cualquier cosa. . . pero creo que no me preparé para encontrar a dos nenes comparando el largo de sus respectivas pirinolas".

"Mi hija Julie vive con la mano metida en sus pantaletas. Lo hace en privado y en público. Lo he intentado todo, pero lo único que consigo es que empeore. Me da pena sacarla a la calle".

Sucede en las mejores familias. Ahí va mamita, manejando la situación bastante bien, enfrentándose a las batallas y las diferencias ocasionales de criterio, pero al menos hay algo con lo que no tiene que enfrentarse hasta dentro de diez o doce años. . . o eso cree. De pronto, entra a ver qué están haciendo sus peques que llevan media hora de jugar en absoluto silencio, y. . .

Entre los cuatro y los seis años, la mayoría de los niños descubre que su cuerpo tiene partes agradables y que tocarlas es casi tan sabroso como el helado de chocolate. No hay nada de maligno o degenerado en que a los pequeños les guste el helado de chocolate, y no hay nada anormal en que su Julie quiera saber sobre su propio cuerpo (o sobre el ajeno) una vez que descubre los misterios que encierra.

La curiosidad de los niños no obedece las luces verdes o rojas que establecemos los adultos para definir qué está "bien" y qué está "mal". Al niño que se entrega al juego sexual inmaduro, no se le ocurre que está haciendo algo malo, y la idea de que su delicioso descubrimiento está prohibido, puede ser destructiva y desorientadora. Después de todo, es *su* cuerpo, y se siente bonito. Cuando les hacen cara de horror, gritan, golpean la manita ofensora o dicen que eso es malo, el niño recibe el mensaje de que buscar su propio bienestar, hacerse sentir bien, es un acto malvado. Y entre líneas, se le indica que en su cuerpecito existe algo malo, algo que no se debe tocar.

A final de cuentas, se logra que lo que al nene le parece bueno y agradable de su cuerpo, desaparezca de su pensamiento para que se graben palabras tales como "malo" y "sucio". La vergüenza y la culpa se adhieren a la imagen que tiene de su cuerpo, y se traducen en ideas sobre sí mismo, cuya conclusión final es: "Soy malo cuando deseo *sentirme bien*". Existe además el riesgo adicional de que al mostrarle al niño desaprobación por su autodescubrimiento, y castigarlo por él, se esconda y a pesar de su vergüenza lo siga haciendo.

Es esencial que nuestros hijos se sientan en libertad para

hablar con nosotros sobre el sexo. Si se castiga la sinceridad desinhibida de un pequeño, es casi imposible que cuando sea adolescente se acerque a sus padres con preguntas, dudas o problemas de sexualidad.

¿Qué hacer entonces? No hay recetas simples, pero sí algunas pautas generales:

El niño, como cualquier persona, tiene necesidad y derecho de privacía. No invada su mundo a intervalos regulares o simplemente porque no hace ruido. Si lo sorprende explorándose el cuerpo en la intimidad de su habitación, déjelo en paz. No se hace daño a sí mismo ni a nadie más.

Los pequeños que se exploran en sitios públicos, deben aprender que el cuerpo es un asunto personal y privado. Dígales que ya sabe que le agrada hacerlo, pero que vaya a su habitación donde nadie lo molestará. Eso le ayudará a desarrollar el control de sí mismo, sin que el acto se defina como prohibido. En público, el enfoque directo también es mejor; basta con decirle algo así como: "Por favor sácate la mano de los pantalones mientras estemos en la tienda. Puedes hacer lo que gustes cuando lleguemos a casa y te vayas a tu cuarto". Cuando hay dos o más niños juntos dígales tranquilamente que lo que están haciendo no es permitido: "No se permite jugar así. Quiero que se vistan y bajen para que me ayuden a. . .".

Procure tener presente que es normal que los pequeños muestren un interés inmaduro en el sexo y que a su corta edad, no hay diferencia entre la curiosidad respecto a su propio cuerpo o al ajeno. Responda con honestidad y sencillez cuando le haga alguna pregunta; no dé explicaciones largas ni conteste más de lo que se le haya preguntado. Ponga cara de jugador de pókar si siente que la pregunta del nene la escandaliza o la sorprende. Respete el derecho del nene a la privacía, pero sin dejar de enseñarle que hay lugares y momentos adecuados para cada cosa.

Desarrollo moral

Durante el cuarto y quinto año de edad, se forma un sentido elemental de los valores morales. Los niños de esa edad todavía no manejan el pensamiento abstracto (salvo raras excepciones), de manera que definen lo bueno y lo malo de acuerdo con una relación estrecha con su necesidad de sentirse aprobados. Lo "bueno" es lo que sus padres aprueban, y lo "malo" es a la inversa.

Todavía no pueden aplicar conceptos morales a una gama amplia de situaciones. Por ejemplo, el pequeño de cuatro años le dirá que está mal tomar algún objeto de la casa de sus amigos (porque para esa edad, el concepto de propiedad está bastante bien establecido), pero no podría aplicar el principio general de que "robar es malo". Si se le plantea la pregunta de por qué no debe llevarse algo de casa de Bobby, responderá "Porque es de Bobby".

Tampoco entiende que ciertas conductas puedan ser aceptables en algunas situaciones y reprobables en otras. Confía casi exclusivamente en las señales que den sus padres y otros adultos para hacer esas distinciones sutiles y ajustar a ellas su conducta.

Por esas razones, es esencial que los padres establezcan reglas y pautas únicamente en términos de lo que se permite o se prohíbe ante determinadas circunstancias. Entre más hablan y explican los padres, más se pierde el mensaje —la regla— en un torrente de palabras.

Todos odiamos los discursos: su hijo también

Mikey tiene cuatro años. Es un chiquillo muy listo, lleno de alegría maliciosa y terco como una mula. Sus padres están muy conscientes de cómo lo educan. No quieren cometer *ni un solo error*. Piensan que la mejor forma de enseñarle a

Mikey la diferencia entre bueno y malo es razonando con él, ayudándole así a comprender todos los complicados "porque sí" y "porque no" de este mundo. Echemos una mirada a la casa de Mikey para ver si encontramos un ejemplo. Ah, sí, su padre está "razonando" con él:

—Mikey, ¿cuántas veces debo decirte que no es correcto pegarle a un invitado y después llamarlo soroche. El Reverendo Diggs es nuestro ministro y cuando viene de visita, merece que se le trate con respeto. Pegarle a la gente y lanzarle calificativos o ponerle motes es de mala educación. Es descortés y tú lo sabes, ¿no es cierto?

Mikey asiente.

—Lo sabía, hijo. Cuando le pegas a alguien que está en nuestra casa, la persona se siente mal porque cree que no te simpatiza, y mamita y yo nos enojamos contigo porque ya te hemos dicho que no se le debe pegar a la gente ni ponerle apodos y que bla, bla, bla. . .

¡Pobre Mikey! No tiene ni la más remota idea de lo que quiere decir su papá, pero es lo bastante inteligente como para quedarse paradito frente a él y fingir que entiende. Sabe que está en dificultades, ¿pero qué es eso de apodo?

La verdad es que Mikey no tiene la edad suficiente para comprender la mayor parte de lo que dice su padre. Entre más habla, menos entiende el inocente de Mikey.

Su padre tiene la mejor intención y su punto de vista es razonable: Mikey debe aprender a expresarse de otra manera. Pero el nene lo ignoraba. . . y se dejó llevar por la excitación. Por desgracia, para cuando termine el monólogo paterno, Mikey no habrá aprendido gran cosa. Todo es tan confuso para un bebé de cuatro años, que para cuando termine la plática, es probable que Mikey haya olvidado cómo empezó toda esta molesta función.

El proceso de aprender a hablar consiste en mucho más que aprender algunos sonidos. Es como construir una casa, excepto que para "construir" ésta, se necesitan no menos de doce años y alrededor de seis u ocho más para ponerle los acabados. Hablar implica aprender miles de asociaciones entre los patrones de sonido (las palabras), las cosas (nombres) o los actos (verbos) que representan. Luego, el niño tiene que aprender cómo y cuándo usar todos los calificativos (adjetivos y adverbios) que asignan valores a los pronombres y a los verbos. Después, aprende cómo clasificar y organizar las palabras en unidades de significado más amplio. Finalmente, el nene desarrollará una preferencia por las palabras que significan ideas en lugar de por aquellas que se refieren a objetos. Y a lo largo de todo este proceso, en forma simultánea, el niño aprende un conjunto de reglas gramaticales sin cuyo conocimiento, mucho de lo anterior carecería de sentido. Muy complicado, ¿verdad?

La "Casa Mikey" tiene cimientos. Poco a poco se están levantando las paredes del primer piso... pero su padre le lanza cubetadas con cemento para colar el techo. A los cuatro años de edad, todos los Mikey del mundo entienden exclusivamente las palabras que se refieren a objetos y actos... a lo que pueden percibir con sus sentidos.

Los términos como "cortesía" y "modales", se evaporan en el cerebro de Mikey. La clave de comprender se llama madurez. Los padres de Mikey podrían sermonearlo toda una semana respecto al significado del término "respeto", y el nene no entendería su significado. Ni podrá entenderlo dentro de un año ni dentro de dos. La comprensión real de palabras tales como "respeto" no comenzará a surgir hasta que Mikey tenga siete u ocho años.

Regresemos por un momento con Mikey y su padre.

—¿Entiendes lo que te estoy diciendo, Mikey?

Mikey mueve su cabecita en señal de asentimiento.

—Muy bien. No quiero que seas irrespetuoso con nuestros invitados, y eso incluye los apodos. ¿De acuerdo?

Mikey asiente.

—Perfecto. Y quiero que vayas a presentarle tus disculpas al Reverendo.

Mikey es un duendecillo muy listo. Ha aprendido a eludir al Escuadrón de la Muerte moviendo su cabeza en el sentido adecuado y en el momento oportuno. Sabe cuándo debe asentir basándose en los cambios de expresión facial y de tono de voz de papito.

Llegará al extremo de ofrecerle disculpas al Reverendo, aunque sin saber bien lo que dice: "Lo lamento". Tampoco sabe qué quiere decir eso de "lamento". Lógicamente, la próxima vez que haya visitas, existen las mismas probabilidades de que Mikey se excite, pegue y pronuncie su término favorito de "soroche", para que todo comience de nuevo. Su padre volverá a hablar a cien kilómetros por hora y Mikey seguirá sin entender qué demonios dice.

Si es indispensable que razone usted con un niño pequeño, recuerde que le está ayudando a construir su casa y asegúrese de que la estructura es sólida. No intente poner el techo antes de que las paredes estén terminadas. Hay tres reglas excelentes para hablar con los niños:

1. Hable con el pequeño *inmediatamente*, antes de que olvide el asunto.
2. Utilice palabras simples que se refieran directamente a *qué hizo y a quién*. No emplee términos que se refieran a la moral o la ética, tales como respeto, cortesía, etc.
3. Procure plantear su razonamiento en cincuenta o menos palabras, y proceda a señalar alguna forma de castigo: "Mikey, le pegaste al Reverendo y le dijiste soroche. No debemos pegarle a la gente ni decirle que está soroche. Vete a tu cuarto. Estarás castigado cinco minutos. Cuando suene la alarma, puedes salir".

Es suficiente. Mikey lo comprenderá todo.

De los seis a los once años

La psicología del pequeño que ingresa a la primaria puede resumirse en dos palabras: Aceptación y logros o conquistas. Su autoestima gira sobre su éxito en crearse un sitio seguro dentro de la matriz social de sus compañeros y en establecer y alcanzar metas específicas de excelencia.

Ahora, el niño debe aprender a dedicarse a una enorme variedad de tareas a menudo rigurosas y que representan un reto. Para hacerlo, echa mano de la confianza, la seguridad, la autonomía, la iniciativa y el juego imaginativo que haya adquirido durante su vida preescolar.

Los pequeños cuyos años preescolares hayan sido buenos, estarán preparados para enfrentarse al reto. Son capaces de aceptar riesgos razonables con confianza y seguridad en sí mismos; cada vez se sienten más motivados y autogratificados; aceptan y hasta buscan responsabilidades cada vez mayores y continúan experimentando con nuevas expresiones de independencia y autonomía.

Por el contrario, el niño que llega a la encrucijada con un lastre de "asuntos inconclusos" tiene dificultades con el nuevo papel que sus padres, maestros y compañeros esperan que desempeñe.

La entrada a la escuela primaria introduce al niño a nuevas presiones sociales intelectuales y emocionales, y tiene que adaptarse a un grupo desconocido de expectativas intelectuales y de comportamiento. Ser un "estudiante" exige mayor independencia de pensamiento y conducta, impone una distancia mayor con sus padres, presenta nuevas figuras de autoridad y lo lleva a una proximidad más estrecha con chicos de su edad.

Al ampliar su base social y su ámbito de intereses, el niño establece precedentes importantes y relativamente perdurables para sí mismo en función con los demás niños de su edad. A través de su relación con los otros niños de su edad, negocia y establece su personalidad social y se define a sí mismo a través del papel que se le asigna o que adquiere dentro del grupo tribal.

A los seis años, casi todos los niños han absorbido los límites conductuales impartidos por sus padres. A partir de esta etapa, la atención del niño cambia de dirección rumbo al aprendizaje de las reglas explícitas e implícitas que intervienen y regulan la conducta dentro del grupo social infantil. Su criterio moral se detalla y se pule aún más gracias a la participación en actividades gobernadas mediante reglas (juegos competitivos y estructurados) y la atmósfera relativamente formal del salón de clases.

Aunque el niño ya es capaz de aplicar principios éticos a una amplia variedad de situaciones, los juicios de esta edad suelen ser rígidos, dogmáticos y egocéntricos. Los conflictos clásicos de esta edad con los compañeros, se basan en diferencias de criterio respecto a lo que está "bien", quién se portó adecuadamente, quién violó una regla, etc. Los niños de edad escolar se comparan a sí mismos con los otros chicos en todas las formas concebibles. Para ellos, todo es una competencia, desde lo más absurdo hasta lo trivial.

Niños supersensibles

En cualquier situación de competencia, existe el riesgo de que alguien experimente dolor emocional. Aprender cómo competir incluye aprender a aceptar y a contender con la derrota, de manera tal que no se lastime la autoestimación.

En este aspecto, el niño supersensible está en desventaja. Pero "Supersensible" es solamente una etiqueta seleccionada y adherida por los padres, y realmente habla más de lo que sienten los padres que de lo que es el pequeño. Supersensible se convierte en una profecía que se cumple por sí misma cuando la reacción de los padres impide que el niño se enfrente por sí mismo a ciertas situaciones y saque una experiencia de ellas.

En otras palabras, quiero decir que quizás *los padres cuidan exageradamente de ese niño cuando algo lo hiere, siendo que lo que el niño necesita es suficiente espacio y libertad para aprender mejor cómo cuidar de sí mismo.*

Lo conveniente es reconocer sus sentimientos cuando se siente herido, darle a saber que lo comprendemos y ayudarlo a explorar vías y métodos más exitosos para enfrentarse a cada situación.

Trate de retirarle al nene el énfasis, la inclinación hacia

compadecerse a sí mismo y diríjalo a enfocar toda su energía a la solución del problema. Su confianza, la seguridad que pueda tener en sí mismo, dependen de que llegue a sentirse capaz de resolver sus propios problemas. Lo que necesita desesperadamente es libertad para defenderse a sí mismo, convencimiento de que sus padres lo saben capaz y escuchar de labios de ustedes algo como lo siguiente:

—Comprendo que no es fácil. Pero sé que eres capaz de resolverlo.

El niño "víctima" en la escuela o la colonia

(P) *Hace poco, nos mudamos a una colonia donde hay muchos niños de la edad de mi hija, que acaba de cumplir ocho años. Los otros chicos se reúnen en grupos cerrados y molestan constantemente a mi hija. Los he observado: le quitan lo que lleva y la molestan hasta que la hacen llorar, se burlan de ella, la excluyen de sus juegos y le ponen apodos. Vuelve a la casa llorando varias veces al día. Ya le he dicho que no se acerque a ellos, pero tan pronto como la consuelo, quiere salir de nuevo. En forma individual, se lleva muy bien con cada uno de los niños y niñas de la cuadra, pero cuando los vecinitos se reúnen, vuelven a ser muy agresivos con ella. ¿Sería conveniente que no la deje salir a verlos durante una temporada o que sólo le permita salir a jugar bajo mi supervisión y ante mi presencia? ¿Debo hablar con los niños o con sus padres?*

(R) No le recomiendo que haga algo de lo anterior. La posición adecuada es: ¡Manténgase al margen! Es cierto que debe hacerse algo respecto a la situación pero ese algo hay que hacerlo con su hija. En estos casos, siempre hay mar de fondo.

La situación de la pequeña surge de que es la niña nueva de la colonia. Su presencia amenaza con el reordenamiento de la frágil estructura del grupo, así como con la fractura de algunas de las tenues alianzas que los "veteranos" hayan construido entre ellos. Por eso, el grupo actúa tratando de protegerse. Usted misma lo dijo: Individualmente, los chicos no tienen nada contra ella; colectivamente, la conceptúan como intocable. La están iniciando lentamente en el orden de novatada del grupo.

El problema más serio es una paradoja: Tiene usted que actuar evitando que su pequeña desarrolle el papel emocional de víctima, pero no debe usted interferir en la "victimización". El papel de víctima es seductor, porque evoca un refuerzo muy poderoso pero terriblemente destructivo: La simpatía comprensiva.

Más aún, al aceptar para sí misma la definición de "cochinito del grupo" junto con el concepto de que la necesita a usted para que la ayude, puede usted convertirse en su salvavidas. Definitivamente, esto conduce a que pueda usted sentirse necesaria y fuerte, y eso siempre es tentador. Por su parte, los "villanos", gracias a la impotencia y debilidad de la "víctima", se sienten poderosos. Cada uno de estos papeles, complementa a los otros dos. El villano necesita de la víctima, quien a su vez requiere de alguien que la compadezca, la comprenda y le eche la mano. Este drama triangular es adictivo y autoperpetuante, porque cada una de las partes obtiene un satisfactor del asunto. Es una telecomedia, tan atractiva como cualquiera que le ofrezca la televisión.

Retroceda. Sin salvavidas, las víctimas nadan o se "hunden". Yo le apuesto que su hija puede nadar, y cuando la víctima comienza a nadar, deja de ser víctima. Es evidente que no se encuentra ante un peligro real y que quiere estar con los demás niños, de modo que usted debe permitir que el problema sea de ella.

Si no tiene un despertador de cocina, de los que se ponen para que suene un timbre o chicharra en determinado tiempo, cómprelo de inmediato. Cada vez que su hija regrese llorando después de un encuentro con sus "verdugos", dígale que necesita un descanso y que debe quedarse en casa por treinta minutos. Ponga el marcador de tiempo para señalar cuando puede salir nuevamente. Durante esa media hora, puede usted escuchar sus quejas y reflejárselas (comentarios amables de "comprendo"; "sí, me doy cuenta", etc.) pero no discuta su angustia en términos de apapacho. El llanto persistente tendrá lugar en su propia habitación y a solas.

Si la escucha llorar en la calle, salga por ella y hágala entrar, adoptando la actitud señalada en el párrafo anterior. La niña querrá saber por qué no hace usted algo para remediar la forma horrible en que la tratan los chicos, con excepción de curarle los raspones. Dígale algo así como "No son *mis* compañeros de juego; son *tuyos* y tú tienes que aprender a llevarte con ellos. No puedo hacer otra cosa que no sea hablar contigo. ¿Quieres hablar?".

Una de las tareas más difíciles de ser padres, es tomar ciertas decisiones que obligan a los hijos a defenderse por sí mismos aun cuando aseguran que no pueden hacerlo.

Un demonio en casa... un ángel en la escuela

(P) *Mi hijo, de seis años, cursa el primero de primaria. En casa, es un verdadero problema: desobediente, escandaloso y difícil de manejar. Acudí a mi primera entrevista con sus maestros preparada para lo peor. En vez de eso, me felicitaron diciéndome que es de los primeros chicos en conducta y en lectura. Me quedé con la boca abierta por la sorpresa. Desde ese día, trato de que me lea algo en casa, pero él se rehusa (como de costumbre). Le juro que no entiendo. ¿Qué estoy haciendo mal o qué están haciendo muy bien en la escuela?*

(R) Los niños se inclinan más a tener conflictos con sus padres que con sus maestros. Esa es la regla Número Treinta y Nueve de las clásicas Cincuenta Formas de Agraviar a Mamita: Conviértete en el Consentido de la Maestra y Muerde a Mamá en la Pantorrilla... o en el Ego (que es mucho más vulnerable).

Hay no menos de cinco razones por las que la Número Treinta y Nueve se ha convertido en una de las reglas más populares entre los niños:

Primera: El papel de la maestra se define con más claridad que el de mamá. Las maestras son para enseñar, y lo hacen diario, de lunes a viernes, durante alrededor de diez meses por año. Las mamás son para... todo, y se espera que lo hagan... En la relación con su madre, el territorio explorable es amplísimo, ya que los límites para esa relación son muy vagos. Por ende, todo se vale... o por lo menos, se intenta.

Ser "maestra" es una ocupación. Su postura como imagen de autoridad es muy específica y tiene apoyo institucional. Pero si eso la hace sentirse mejor, tenga la certeza de que hay muchas maestras que son extraordinarias para manejar a treinta chicos en clase, pero que no dan una con el que tienen en casa. Una maestra es una maestra y una madre es una madre y nunca se confunde a una con la otra.

Segunda: Las madres tienen una carga emocional tan grande como una hipoteca a veinticinco años, aunque ellas pagan toda la vida y carecen de seguro. Esta gigantesca inversión convierte a la objetividad en algo prácticamente inalcanzable. El bienestar, la autoestima y el sentimiento de aptitud y capacidad suelen estar muy involucrados con los hijos y con su conducta. Hasta podría plantearse la interrogante de quién es quien. En cambio a los maestros se les paga para que sean objetivos. ¡Qué afortunados!, ¿no?

Tercera: En la escuela, las reglas se definen con más claridad que en la casa. Es común que los padres esperemos una buena conducta sin definir con claridad qué entendemos por "buena conducta". Y los padres estamos más propensos a hacer excepciones, pasar por alto algunas infracciones (deseando fervorosamente que desaparezcan solitas) y luchar entre sí sobre cuál es el mejor método para exigir que se respeten las reglas. Es frecuente que los padres actuemos como si estuviéramos confusos... y los niños lo perciben.

Las reglas de la maestra son pocas y muy claras. Obliga

sin contemplaciones a respetar las reglas, no hace excepciones y su marido no se aparece por el salón de clases. Obviamente, es La Jefa.

Cuarta: En la escuela, los nenes pueden observar la conducta de los compañeros e imitarlos, siguiendo su ejemplo. Lo anterior funciona tanto para bien como para mal, pero en la mayoría de los casos, el grupo presiona a sus miembros para que se conduzcan de alguna manera que mejore y refuerce su imagen. Los condiscípulos esperan que cada uno de los demás niños contribuya a la identidad colectiva y rechazan a los chicos que se desvían de esa imagen.

Quinta: En casa, en el seno de la familia, todo el derrotero de la crianza del niño está cargado con la normativa de la autonomía y la independencia. El cuestionamiento básico de cuánta independencia es posible y por qué medios se obtiene es medular y central para la participación del niño en la familia. Por su naturaleza, esta premisa *exige* que los niños muestren cierto grado de rebeldía. Los pequeños conflictos con sus padres, no sólo son inevitables, sino sanos. Desde luego, los padres son responsables de contener esa rebelión dentro de sus límites seguros y razonables.

En la escuela, al contrario del hogar, la aspiración central es la conquista, el logro, que con mucha frecuencia exige cooperación. Dado que la rebeldía es incompatible con las expectativas del salón de clases, disminuye considerablemente la probabilidad de conflicto entre maestro y alumno. *Los niños que se rebelan en la escuela, son aquellos para quienes el desafío es excesivo o no es lo suficientemente grande,* aquellos que no han podido rebelarse eficazmente en casa y los que tienen dificultades para ajustarse dentro de la configuración social del grupo.

En casa, su pequeño James Dean es un *rebelde con causa* porque se le ha permitido desarrollar un sentido apasionado de autonomía y una buena dosis de respeto por su individualidad. Coopera en la escuela porque logró adquirir un sentido de iniciativa y voluntad para cooperar.

Felicidades por una tarea bien cumplida.

Mensualidades y "domingos"

A excepción de los adultos, nadie tiene tanto derecho a quejarse por la inflación como los niños. Los mayorcitos comentan que sus mensualidades dependen del bienestar de la economía. La preocupación sobre los efectos que tiene la situación sobre la economía infantil, se ve reflejada en la creciente cantidad de preguntas sobre el mismo tema:

(P) *¿A qué edad debe comenzar a recibir el niño una suma para que cubra sus pequeños gastos personales?*
(R) Aproximadamente, cuando el pequeño comienza a sumar. Los pequeños preescolares usualmente no comprenden que la cantidad de dinero que tienen impone un límite con respecto a *qué y cuánto* pueden adquirir. A los ojos del niño pequeño, no hay relación entre el costo de un objeto y su tamaño o a qué grado lo desea. Hasta que el nene tenga la edad suficiente para entender la idea del intercambio entre objetos y dinero, así como las complejidades que involucra, recomiendo a los padres que limiten su experiencia con el dinero a ciertos ejercicios en los que, ante su vista, el niño entregue el dinero a cambio de algún objeto.

(P) *¿Debe exigirse al niño que se gane su domingo o su mensualidad haciendo ciertas tareas domésticas?*
(R) No, de ninguna manera. La cuestión de cuánto debe contribuir el pequeño al mantenimiento de la casa y a los quehaceres domésticos, no tiene *ninguna* relación con la mensualidad y los domingos del niño. La mensualidad del niño tiene un propósito principal: darle oportunidades de practicar y ejercer una administración eficaz del dinero. No debe usarse para manipular al niño con objeto de que cumpla con sus obligaciones ni retirarse o suspenderse como castigo por mala conducta.

Las tareas domésticas son para desarrollar responsabilidad, autodisciplina y otros rasgos esenciales, pero se requiere la mayor parte de la infancia para que todo eso se convierta en hábito. Si se permite al pequeño que elija entre cumplir con alguna obligación doméstica o andar en bicicleta, es casi seguro que escogerá la bicicleta. Por lo tanto, somos los padres quienes debemos hacer la elección y vigilar que se cumpla la tarea asignada.

Todo se reduce a un simple asunto de obediencia, para el cual hay un solo incentivo: la autoridad paternal. A final de cuentas, los niños cumplen con sus obligaciones *porque así se les ordena.*

Los padres que intercambian dinero por trabajo, disminuyen y minan su autoridad. Cuando se utiliza el dinero para negociar este aspecto de la relación padres-hijos todas las partes pierden la perspectiva básica de la autoridad y la obediencia. Todos los niños necesitan aprender el valor del dinero y todos los padres necesitan verificar que las lecciones no se confundan.

(P) *¿Conviene que los padres le proporcionen al niño la oportunidad de ganar dinero extra haciendo tareas adicionales a aquéllas a las que está obligado?*
(R) Sí. Las tareas domésticas obligatorias son aquellas que forman parte de la rutina doméstica (sacar la basura, alzar sus juguetes, alimentar a su gato, etc.). Pero es perfectamente aceptable que los padres contraten con los pequeños trabajos adicionales a sus tareas domésticas, aunque las negociaciones de este tipo deben ser la excepción y no la regla. Nadie debe olvidar que, en la familia, el trabajo no se hace por dinero, sino simplemente porque es necesario hacerlo.

De los once a los catorce años: preadolescencia

"Siempre que le ordeno que haga algo, se queda inmóvil, como si yo fuera invisible. Es impredecible y tempera-

mental: viaja desde la desdicha más tenebrosa hasta el gozo absoluto, como si estuviera trepado en un sube y baja emocional. Y cuando se encuentra en el territorio de la desdicha... ¡Cuidado! Nada de lo que yo haga o intente hacer lo satisface. Pero lo peor de todo esto es su concepto que puede hacer su santa gana sin consideración por nadie más. ¿Terco? ¡Es el padre e inventor de la terquedad! Si le digo que se vaya, se queda, y si quiero que permanezca en casa, le resulta indispensable salir. A veces, amoroso como ninguno, y cinco minutos después, "¡No me toques!". La verdad es que estoy harta de él. En ocasiones, quisiera apretarle el pescuezo a mi monstriuto, pero suelo recuperar la cordura antes de que mis manos se enrosquen alrededor de su cuello. En ocasiones pienso que es cuestión de elegir entre su pellejo y el mío.

Otro nene de dos años, ¿verdad? ¡Pues no! El monstruo de que se queja esta pobre mujer no usa pañales desde hace diez o más años.

Representando el modelito gigantesco, tamaño familiar de la Versión del Nene de Dos Años, este angelito hace pucheros, patalea con sus piecitos del número seis y brama con toda la fuerza de sus pulmones de gaitero escocés... ¡Señoras y Señores! ¡Un Hurra por ese terror de terrores que ocupa el segundo lugar en la jerarquía de los peligros filiales: El Preadolescente!

Con el término Preadolescente, me refiero al chico o chica de entre once, doce y trece años. Acuñé el término para distinguir este periodo de tres años de la vida que son enteramente distintos a los tres anteriores y los tres posteriores. La mayoría de los chicos de once, doce y trece ya no son niños, pero aún no son adolescentes. Están más allá y más acá de la definición.

Estos años de preadolescencia pueden ser muy desdichados para los chicos y para quien ha de vérselas con ellos a diario, especialmente padres y maestros. Hay muchas similitudes externas entre los "Terribles Dos Años" y los igualmente tremendos preadolescentes.

Al igual que el nene de dos años, el preadolescente es un rebelde en busca de causa. Su desafío hacia la autoridad (paternal o escolar) es casi ciego. Sin embargo, el enorme vocabulario adquirido a lo largo de la última década, reemplaza al monosilábico "¡No!" con una forma peculiar de parloteo egocéntrico que carece de sentido para todos excepto para el orador.

Al igual que su predecesor de dos años, el preadolescente es como un manojito de cambios emocionales, que se desliza apasionadamente de uno a otro extremo: igualito que un chivo en la cristalería de los sentimientos. Se pronostican otros dos años de berrinches y pataletas esporádicas cada vez que no se accede a los caprichos irrazonables de este ejemplar. Y entre más irrazonables sus peticiones, más graves sus explosiones.

El nene de dos años también es el padre del preadolescente en el sentido de su enloquecedor egocentrismo. El preadolescente está decidido a incomodar a quien sea necesario con tal de obtener lo que se ha propuesto. ¡Pida usted disculpa por haber dejado su estorboso pie donde Su Excelencia el Preadolescente iba a poner su delicado piecito enfundado en tenis de colores! La obsesión por el "Primero Yo" es la guía y la pauta de su vida, su obsesión y su meta.

Y de nuevo, igual que el nene de dos años, parece no haber decidido si desea ser dependiente o independiente. Pero cualquiera que sea el papel que elija (trátese de James Dean, el Rebelde sin Causa o de El Octavo Pasajero, prendido a nuestros sufridos lomos) les garantizo que *será bajo sus condiciones y en los términos que él decida establecer*, no en los de sus padres o maestros. Por ejemplo, procederá a maldecir cautamente a sus padres a causa de la audacia que muestran restringiendo su libertad, insistiendo en que es perfectamente capaz de cuidarse y responsabilizarse por sí mismo ante cualquier situación; inmediatamente después, procede a pedirles dinero, que lo lleven en el automóvil a alguna parte, o (casi siempre) ambas cosas.

Pero esta locura tiene un patrón y una lógica. Tal como el nene de dos años, cuya conducta es el eco de una conciencia que se extiende y lo impulsa a convertirse de explorador en experimentador, de observador a actor, el preadolescente ejecuta un salto similar en su capacidad para contender con la lógica de las relaciones concretas, mesurables, con lo abstracto y con lo hipotético. En consecuencia, no es sorprendente que el chico o la muchacha estén tan locamente ebrios con este proceso y con sus revelaciones como lo estaban a los dos años.

Agréguese a esto una sobredosis de hormonas, coloque la mezcla bajo la enorme presión de los niños y las niñas de su edad, y obtendrá un mínimo de tres años de gritos, sombrerazos, pataletas y portazos. Pero entre toda esta masacre, hay dos motivos de alegría: Estos chicos ya no se hacen pipí y muy pocos siguen mordiendo. Los años de la preadolescencia son una época de transición, una sinfonía, o más bien una cacofonía que involucra al niño y a la niña en todo su ser y altera dramáticamente su definición de sí mismo y del mundo que lo rodea.

Los cambios químicos y estructurales de su cuerpo y las correspondientes marejadas emocionales lo ponen frente a frente con su naciente sexualidad. Además, en este periodo, el cerebro comienza a procesar y a organizar la información de una manera radicalmente distinta, agregando nuevas dimensiones a su percepción del mundo y complicando aún más su autoimagen.

Los preadolescentes se inclinan a ser introspectivos, piensan mucho en ellos mismos y tocan en este aspecto las fronteras de lo obsesivo. Analizan y valoran su propia conducta, sentimientos y pensamientos. Su capacidad para mirar hacia el interior lleva claridad adicional no sólo a la persona que es él o ella, sino también a la persona en que podría convertirse. . . *al ser ideal*. Las comparaciones entre el ser real (el presente) y el ser ideal (el futuro) generan aspiraciones o angustia, dependiendo de factores que incluyen la discrepancia que pueda existir entre esos dos seres y de si el preadolescente se conceptúa a sí mismo en forma positiva o negativa.

Dado que se vigilan a sí mismos con tal ferocidad al mismo tiempo en que especulan sobre los pensamientos de otras personas, es frecuente que los chicos de esta edad se sientan observados constantemente y, casi siempre, por los chicos y chicas de su edad. Por lo tanto, es comprensible que se inclinen a desempeñar papeles de actor ante su público imaginado (pero no necesariamente imaginario). Eso explica por qué los preadolescentes están tan conscientes de su apariencia personal, tanto que se pasan horas enteras metidos en el cuarto de baño mientras que el resto de la familia muere de desesperación, arreglándose antes de cualquier "aparición en público" por rutinaria que sea.

Durante este periodo crítico, los niños transfieren la mayoría de sus necesidades de seguridad de sus padres a sus compañeros. Su grupo social de contemporáneos es el puente entre la infancia (durante la cual el niño descansaba en sus padres) y la edad adulta (en la que el individuo sano descansa básicamente en sí mismo) ; se trata de un laboratorio social en el que pueden practicarse las actuaciones y las reglas, que son sometidas a valoración e incorporadas. Poco a poco, la pandilla se va quedando atrás cuando el preadolescente fija su atención en formar relaciones y amistades estables y en participar en actividades de grupos grandes.

El principio de la adolescencia es una época psicológicamente vulnerable. El autoconcepto es ambiguo y, por lo tanto, muy frágil. Desde el punto de vista del desarrollo, la tarea del niño y la niña estriba en establecer su identidad, en la sensación de entender quién es y en qué se está convirtiendo. Esto no es fácil para alguien que, al menos por el momento, se encuentra atrapado entre la seguridad cómoda de la infancia y la incertidumbre de la adolescencia.

Lista de "odios": el preadolescente misántropo

Cuando tenía doce años de edad, lo odiaba todo. Eran tantos los objetos de mi odio, que olvidaba algunos. Para llevar bien mi registro, usaba una libretita donde apuntaba sin mayores adornos mis puntos de vista sobre el mundo y la llamaba mi "Lista de Odios".

La famosa lista abarcaba varias páginas escritas a renglón cerrado, frente y vuelta. No me separaba de ella ni por un instante con objeto de referirme a ella o agregar nuevos asuntos. Nada ni nadie se me escapaban. Obviamente, mis padres ocupaban los primeros lugares de la lista... CON MAYUSCULAS y flanqueados por signos de admiración. Odiaba a todos mis maestros, incluyendo a los que se mostraban tolerantes ante mi postura agresiva. Los aborrecía si me reprobaban y los detestaba si me ponían MB. No era sobornable.

Odiaba a mi hermano. Odiaba a mi hermana. Odiaba a mis vecinos. Había días en que aborrecía a mis amigos: se turnaban en mi lista. Odiaba los libros, la tarea, al señor de la tienda, al peluquero que me dejaba los cabellos demasiado cortos, al césped porque era necesario cortarlo, a las hojas que había que levantar del jardín, odiaba mi habitación, las niñas, las calcetas blancas, la policía y todos los alimentos excepto las hamburguesas, las papas fritas y la coca. Detestaba las hamburguesas que hacía mamá; las guisaba espantosas sólo para castigarme por gastarme mi miserable mensualidad en el Palacio de las Hamburguesas. Odiaba que me dieran una mensualidad. Era humillante. Odiaba andar sin dinero.

Detestaba las pomadas contra el acné, mi ropa, zapatos, suéteres, la horrenda gorra que me compró mamá y las botas de hule que me obligaba a usar papá cuando nevaba. Pero por encima de todo, me odiaba a mí mismo. No toleraba ni ver mi imagen en el espejo.

—¡Guácala! ¡Qué carita! Con razón me evita Linda. ¡Soy horrible! Soy chaparro, flaco, con pecas y espinillas, mis bíceps son cóncavos, se me ven las costillas, tengo caspa, mi pelo es rojizo, no puedo broncearme al sol, no tengo ni un solo pelo en la cara... ¡Ay Dios Mío, ya no me obligues a usar *shorts* en la clase de gimnasia: tengo las piernas flacas y las rodillas huesudas. ¿Y por qué he de usar anteojos? ¿Por qué tenían que ponerme frenos en los dientes? Tengo los brazos demasiado largos, la nariz respingada, la barbilla puntiaguda y las orejas grandes y prominentes. No sirvo para el futbol, no me animo a pelearme a golpes y jamás me sucede algo bueno. ¡Soy un maldito reptil! ¡Soy un gusano! ¡Soy una chinche! ¡Merezco ser apachurrado!

¡Qué difícil es tener doce años! No es uno nada. No es niño ni adolescente. Tampoco adulto. Necesita uno desesperadamente a sus padres y al mismo tiempo desea que lo dejen en paz, que desaparezcan. Quisiera uno tener amigos y no sabe cómo ser amistoso. Desea uno ser parte del grupo social y al mismo tiempo quisiera ser diferente a todos. Siempre en guardia, protegiendo un sentimiento muy frágil de quién se es o quién se desearía ser...

Confusión, resentimiento. La víctima de una broma cósmica. Los doce años son infernales. Pero hay algo que acaba con ellos:

Cumplir los trece años.

Conserve ambas manos sobre el volante

La preadolescencia puede ser tumultuosa y confusa para todos los involucrados, y por desgracia, en muchas familias es la época en que se comienzan a transgredir los límites. Es común que los padres nos sintamos intimidados por las marejadas emocionales de los chicos y que para evitar confrontaciones, comencemos a dejar en sus manitas más responsabilidad de la que pueden manejar.

Lo conveniente es justamente lo opuesto. Este es el momento de reafirmar la autoridad, no de permitir que el pequeño la desmantele. Aunque seguramente no se lo confesaría ni siquiera a sí mismo, es una época en la que el niño necesita saber que hay otras manos firmes y dispuestas a tomar el volante.

(P) *Hace seis meses, nos mudamos a otra ciudad para establecernos en una comunidad muy agradable. El ajuste ha sido difícil para todos, pero afectó especialmente a nuestro hijo de doce años. Aquel niño que era desenvuelto y amiguero, no ha entablado amistad con nadie desde que nos mudamos. Evita a los chicos de su edad y cuando mucho, habla con niños más pequeños que él. Le hemos sugerido que haga esfuerzos por encontrar un amigo, pero no presta atención y se queda encerrado en su cuarto, viendo la televisión durante todo su tiempo libre. Asimismo, se ha vuelto más apegado y dependiente de su padre y de mí. ¿Cómo podemos ayudarle?*

(R) Le sugiero que comience por comentar con su hijo el hecho de que la mudanza ha inquietado y desorientado a toda la familia, de lo difícil que resulta dejar a los antiguos amigos para llegar a hacer nuevas amistades.

Es común que todas las alteraciones provocadas por una mudanza empujen al preadolescente a la regresión hacia conductas anteriores. Puede inclinarse hacia la relación con niños más pequeños porque es más fácil que lo acepten y porque su *status* ante ellos está garantizado. También es factible que se vuelva más dependiente con sus padres.

Sean comprensivos y apóyenlo. Hay que alentarlo y ayudarlo a que extienda su actividad lejos de casa. Puede ser muy útil un empujoncito leve constituido por la inscripción a un club deportivo para jóvenes o a clases de gimnasia, karate, etc. Es muy importante que saquen la televisión de su cuarto y que se limite a verla cuando mucho una hora por la noche. Concentrarse en el mundo falso de la televisión es una forma de eludir el desafío de luchar por obtener un sitio dentro de su nuevo medio ambiente. Cada hora que pasa delante de la televisión, invalida más y más su iniciativa y aumenta su inercia.

(P) *Nuestro hijo de trece años ha comenzado a anunciar que se marchará de la casa. Tenemos tres hijos y él tiene tres años menos que el mayor y tres años más que el menor. Se queja de todo: Esperamos demasiado de él, nunca tiene algo "interesante" qué hacer, somos "menos exigentes" con su hermano menor, su hermano mayor se divierte más que él, y todo por el estilo. Parece que es desdichado casi en todo momento. Hasta hace tres meses, era un chico afectuoso y cooperativo. ¿Debemos preocuparnos por su amenaza de huir? Lo anuncia dos o tres veces por semana...*

(R) Creo que de momento, no hay probabilidades de que se marche para siempre. Los chicos que dejan su casa con la intención seria de no volver, no lo anuncian constantemente. Simplemente desaparecen, y las presiones que los impulsan a tomar una decisión tan seria son mucho más graves que la Melancolía Preadolescente tan típica que usted describe. De la misma manera, las personas que amenazan constantemente con el suicidio rara vez van a dar al depósito de cadáveres (excepto cuando les falla la dosis o la puntería). En ambos casos, la amenaza es una forma dramática de llamar la atención hacia sí mismo: "¡Oye! ¡Más vale que te fijes en mí, porque puede ser la última vez que me veas!".

Hay de víctimas a "víctimas", entre las cuales se incluyen verdaderos prófugos y suicidas en serio. Por el contrario, la "víctima" no pasa de ser una caricatura de la tragedia... demasiado embebida en el uso de su máscara hasta para tomar en consideración la perspectiva de desempeñar otro papel de "menor importancia". En casos como el suyo, es frecuente encontrar preadolescentes y hermanitos "medianeros". ¡Felicidades! Tiene usted dos por el precio de uno.

En cierto sentido, el niño "medianero" (el niño "sandwich", el que se debate entre el mayor y el menor) es un preadolescente durante toda su infancia. Nacido tanto demasiado tarde como demasiado pronto, embiste contra la injusticia de un hermano mayor que disfruta de más libertad y de un pequeño que parece recibir más atención y afecto ("¡Es que permites que mi hermano menor haga su santa gana y no lo regañas!").

El niño medianero quiere lo mejor de ambos mundos sin pagar su costo. Al mismo tiempo, exige ser gloriosamente independiente y mimado. En este dilema irreconciliable, resulta irresistible el atractivo de convertirse en víctima. "¡Me voy de la casa!" es la expresión exagerada y frustrada de este conflicto. Se trata, a la vez, de un grito de batalla en pro de la libertad y de una súplica a favor del mimo y la atención.

Cuando el medianero avanza hacia sus años de preadolescencia, su situación de hijo de en medio se complica y se agrava. ¡Oh desdicha! ¡Le agregan injuria al agravio! ¡Esta es la gota de agua que derramó el vaso. . . y todas las demás quejas adjuntas e integradas!

Yo me preocuparía menos por sus amenazas que por los sentimientos que hay detrás de ellas. Es muy importante entrar en conciencia de que se trata de una transición particularmente tensionante en su vida y, por ende, también para la familia a la que pertenece.

Mantenga abiertos los canales de comunicación, pero tenga cuidado de no permitir que la voz del chico vaya volviéndose demasiado poderosa en la definición y decisión de asuntos muy importantes. Las interrogantes (o los desafíos) que plantean los chicos de esta edad, suelen ser superficiales o irrelevantes, tendientes a distraer y/o evitar que se resuelvan los problemas más importantes a los que se enfrente la familia.

TERCERA PARTE

Pipí, Popó y la lucha por el Poder

Adiestrando al nene para ir al baño señales de que está listo

—Dice el pediatra que no se debe ni *pensar* en comenzar a adiestrar al nene para que avise hasta que cumpla por lo menos dos años y medio —me comentó una amiga de mi esposa.

Cualquier pediatra o médico que aconseje semejante barbaridad debe ser sentenciado a trabajos forzados en una lavandería de pañales. No hay verdad alguna en esos "ni pensarlo" con respecto a la edad en que los pequeños pueden aprender a ir al baño. Algunos pequeños están listos para acudir al baño a los quince meses de edad. Otros no muestran señal alguna de interés hasta cerca de los tres años.

Los dos ejemplos anteriores representan los extremos. La mayoría de los pequeños aprenden entre el año y medio y los dos años y medio. En todo caso, no hay edad "normal" para el adiestramiento y no hay recetas con respecto a la fecha en que debe hacerse ni al tiempo que requerirá el proceso. La variable importante NO ES LA EDAD: ES EL NIÑO Y LAS SEÑALES que transmite para indicar que está listo para usar la bacinica.

No retenga la respiración esperando que su bebé diga algo como: "Mamá, ya es tiempo de que me hables sobre ese blanco y legendario trono de agua". Es probable que no diga nada, pero que comience a dar pistas que, esencialmente, significan lo mismo. Estas pistas incluyen lo siguiente (aunque no se limitan a ello):

• Despertar varias mañanas con el pañal seco.

• Despertar seco después de su siesta con bastante regularidad.

• Conservarse seco por más de dos horas después de cambiarle el pañal.

Esto indica que su vejiga detiene más orina y que su pequeño está desarrollando la habilidad de manejar los músculos que controlan la orina.

Y para continuar con nuestra lista:

• Le dice a usted que tiene ganas de hacer.

• Se quita el pañal cuando está sucio o mojado o pide que lo cambie.

• Le imita cuando usted va al excusado.

• Muestra un interés abierto en el excusado o la bacinica.

El tiempo en que aparecen estas señales depende de cada niño y de las costumbres de la casa: ¿Ha visto a alguien sentarse en el excusado? ¿Lo vigilan y le preguntan si quiere hacer pipí o popó? ¿Se le da la oportunidad de manifestar que está listo dejando abierta la puerta del baño o una bacinica pequeña a la vista?

Es importante que los padres estén pendientes de la expresión de "¡Estoy listo!". Si no responden, el niño perderá el interés y más tarde resulta difícil nadar contra la corriente.

Por otra parte, si los padres son demasiado insistentes o agresivos, el pequeño adoptará una postura negativa rehusándose a colaborar. Es su manera de decir: "Lo haré como y cuando quiera". Puede usted arrastrar al nene hasta la bacinica, pero no puede obligarlo a obrar.

Cada niño es único y cada hogar es distinto. Ningún pequeño mostrará las mismas señales que otro ni lo hará a la misma edad; tampoco existen métodos que garanticen el éxito. Proporcione a su pequeño oportunidades abundantes para que descubra que papá, mamá y sus hermanitos usan el excusado. No lo presione con dureza, pero manténgase alerta ante las señales y prepárese para iniciar el adiestramiento cuando aparezcan dichas señales. Unas semanas de vacilación o de no detectar las señales, pueden ocasionar que se pierda la oportunidad. *Observe al nene, no al calendario.*

No pregunte: ordene

(P) *Nuestro nene de tres años, se niega enérgicamente a usar el baño. A cualquier sugerencia, responde con un estereofónico ¡NO! Si lo presiono, berrea. Yo estoy al borde del berrido por tantos pañales. ¡Auxilio!*

(R) ¿Y por qué había de cooperar con usted? Obviamente, usted nunca le ha dicho, en pocas y buenas palabras, qué es exactamente lo que espera de él. Si se reduce a preguntar "¿No quieres sentarte en la bacinica?", obviamente tiene el permiso materno para responder "¡No!".

Los niños pasan sus dos primeros años de vida observando al universo como si girase a su alrededor. Por sus limitaciones como pequeños, los atendemos y servimos casi de rodillas... cargarlos, vestirlos, bañarlos, alimentarlos, consolarlos, etc. En consecuencia, es lógico que el nene salga de la crisálida convencido de que es la persona más importante del mundo, el controlador y rey absoluto de todo y de todos. La situación fantástica es muy atractiva y la mayoría de los niños no simpatizan con la perspectiva de bajar del trono.

Para que los padres podamos sobrevivir a los Terribles Dos Años, tenemos que desarrollar una inmensa capacidad para percibir y evitar las luchas por el poder y el forcejeo que entrañan. Siempre que reaccionamos a la inclinación natural del dos añero a oponerse tratando de obligarlo a que coopere, perdemos la batalla (para empezar, *desde su punto de vista, somos los padres quienes estamos violando las reglas del juego... las anteriores, pues).*

La lucha por el poder, es hechura de los padres. Una persona que realmente tenga el control y las riendas en las manos, no necesita luchar.

Usted no está involucrada en una lucha por el poder con su pequeño por el uso del excusado. Usted dice "Por favor" él responde "No" y usted retrocede. En estas circunstancias, el chico no necesita luchar. El control y las riendas están en sus manitas.

Ah, pero evitar las luchas por el poder sólo es parte del panorama. El chiste es aprender a *maniobrar alrededor de*, en vez de retroceder ante la oposición. En otras palabras, no hay que hacer frente pero tampoco es cosa de darse a la fuga. Me parece que, hasta el momento, usted no ha adoptado una postura firme en si su hijo usará o no la bacinica o el baño. A causa de esa indecisión, el nene aprovecha la oportunidad de proclamar: "¡Soy más poderoso que tú!".

Deje pasar siete días sin hacer mención alguna de la famosa bacinica. Cámbiele los pañales como siempre, pero sin protestas o impaciencia. Si le dice que él *desea* sentarse en el excusado, ayúdelo a hacerlo y luego déjelo solo en el baño. Si la llama para que sea testigo de su proeza, reconozca lo que ha hecho en un tono positivo pero un poco seco:
—Muy bien. Ahora, te volveré a poner el pañal.

En el curso de esos siete días, compre varios calzones de hule extragrueso o de algodón con la entrepierna forrada de hule. En la mañana del octavo día, recíbalo con el siguiente anuncio: —¡Hoy es un nuevo día! Comenzarás a usar la bacinica. Ya no te voy a poner pañales. Usarás estos calzones y aprenderás a conservarlos limpios y secos, porque son para niños grandes. Ven, quiero mostrarte algo.

Llévelo al cuarto de baño y muéstrele un reloj despertador que habrá llevado ahí con anticipación.

—Este reloj tiene un timbre que te indicará cuándo es necesario que te sientes en la bacinica. Se llama el timbre de la bacinica. Cuando lo oigas, *entrarás* al baño y te sentarás en la bacinica. Sonará seis veces al día. Ya no te pondré pañales, sino estos calzones para niños mayores, de manera que aprenderás a tenerlos secos y limpiecitos. *Te ordeno* que conserves secos estos calzones de niño grande.

Ponga la alarma para que suene cuando despierte el niño, poco después del desayuno, y a las horas que acostumbraba cambiarle los pañales. Cuando suene, llame a su hijo: —Es hora de que te vayas a sentar en la bacinica. Puedes llamarme si necesitas ayuda—. No se involucre demasiado. Apresúrelo cuando suene la alarma y conserve su distancia. Si le manifiesta que en ese momento no se le da su gana de sentarse en la bacinica, no lo presione; recuérdele con enérgica suavidad que *tiene que* conservar secos los calzones.

Responda a sus éxitos alentándolo, pero sin aplaudir rabiosamente ni echar machincuepas. Enfrente los "accidentes" (y habrá algunos) tranquila y directamente. —Se te olvidó la bacinica. Bueno, la próxima vez lo harás mejor. Te ayudaré a cambiarte y recuerda que quiero que los conserves secos usando la bacinica.

Al emplear el despertador para señalar la "hora de la bacinica", alejará suavemente la resistencia desviándola de usted. Simultáneamente, expresa órdenes y puntos de vista que establecen con toda claridad qué espera del niño.

En vez de darle oportunidad para decir "No", le ofrece la oportunidad de crecer. Es un ofrecimiento que el niño no puede rehusar.

Y sigue la lucha por el poder. . .

(P) *Mi hija de cuatro años detiene sus movimientos intestinales, aunque el pediatra nos asegura que no tiene ningún problema orgánico. Deja salir sólo un poco de excremento cada vez y por lo tanto, sigue usando pañales. Yo procuro fingir cierta indiferencia y no forzarla. Pero tengo un bebé pequeño y estoy hasta la coronilla de pañales.*

(R) Con una nena de cuatro años, no hay que vacilar en hacerle saber qué se espera de ella, y dónde debe depositar su excremento. Aunque usted se muestre indiferente, los niños son muy intuitivos y sienten cuando uno de sus padres tiene gran interés en algo. Sospecho que su pequeña adoptó esta forma pasiva de rebelión para conservar su atención fija en ella y no sólo en su hermanito menor. De esta manera logra que su importancia dentro de la familia se confirme varias veces al día. Creo que lo conveniente es un método que la obligue a usar el baño y que a la vez le reasegure su importancia.

Pegue una hoja de papel en la puerta del refrigerador y anuncie que los pañales quedaron eliminados y que usará el baño para depositar su popó, y que cada vez que falle y sufra un accidente, se le pondrá un gran tache en el papel del refrigerador.

Considere los privilegios que disfruta la niña a diario: ¿Salir al jardín después de la cena? ¿Andar en triciclo? ¿Ir a casa de una amiguita? Haga una lista de las tres actividades que más disfruta la nena y dígale que por cada "accidente" se eliminará una de esas actividades, comenzando por la que sea más importante para ella. A continuación, establezca que cada día sin "accidentes" merecerá un privilegio especial. Haga una lista de lo que la pequeña disfruta sin que se le conceda a diario (ir a McDonald's, al parque, acostarse media hora más tarde y déjela que elija una al finalizar cualquier día "perfecto" y otórguele la recompensa al día siguiente.

Pasarán dos o tres semanas antes de que se observen progresos reales. No permita que algún retroceso la descorazone después de un buen principio. Muéstrese firme pero suave y alentadora. Su confianza en ella, combinada con una actividad constante de autoridad, será la mejor fórmula del mundo.

Pipí en la cama

Si su nene moja la cama todas las noches, seguramente ya se convenció de que ningún remedio casero funciona:

Castigo, restricción de líquidos, levantarlo a intervalos... ¡nada! Alguno de ellos logra una tregua, pero nada más.

En algún momento de nuestra vida, se nos convenció de que hacerse pipí en la cama es indicio de inseguridad y que es la forma clara en que el niño nos indica que está insatisfecho con algo de lo que rodea su vida. Aunque algunos niños se sienten verdaderamente apenados cuando mojan la cama, no hay razones reales para sostener que hacerse en la cama es expresión de daños emocionales.

Hay un buen método para combatir las camas o cunas mojadas. Lo primero es volverle el problema a su hijo: deje de intentar frenéticamente resolverlo. *Es su cuerpo, es su problema y sólo puede resolverlo si está en posesión de hacerlo.*

Evite que "¿Te hiciste pipí?" sea la primera pregunta del día. Su orina es tema de discusión familiar. Indíquele que cuando moje su cama deberá cambiarse la pijama, poner una toalla gruesa sobre el charco y volverse a dormir sin despertar a la familia. Por la mañana, deberá quitar la ropa de su cama y ponerla con la ropa sucia. Después, coloque sábanas limpias y dobladas en su camita y enséñele a tender su propia cama o cuna hasta que pueda hacerlo solo.

Ayúdele a comprender su problema dándole información básica. Dígale que abajo de la vejiga hay un músculo que normalmente se encuentra cerrado hasta que va al baño, relaja el músculo (abra y cierre el puño para demostrarle qué es "relajar"), y se abre. Sugiérale que fortalezca ese músculo apretándolo varias veces al día, y que cuando vaya al baño puede fortalecerlo aún más interrumpiendo y soltando el chorro de orina. La mayoría de los niños coopera con gran entusiasmo.

Los pequeños que se hacen papí en la cama no son niños malos o enfermos. Lo que puedo asegurarle es que entre más escándalo se haga por el problema, más agobiado se sentirá el pequeño y pasará más tiempo antes de que resuelva por sí mismo el problema.

(P) *Nuestro hijo de cinco años, que siempre se hace pipí en la cama, ha decidido hacerse pipí en el día. No nos avisa y espera a que alguno de nosotros observe que está mojado y lo mande a cambiarse los pantalones. No lo hemos regañado ni criticado por estos accidentes y no utilizamos el asunto como tema de conversación o discusión. ¿Cree usted que lo hace por llamar la atención?*

(R) Mi primera sugerencia es que rompa el voto de silencio. Aunque las intenciones son buenas, hay que discutir el asunto, ya que con su actitud actual parece que están otorgando su autorización para que el problema se prolongue indefinidamente.

Para empezar, estoy seguro de que ustedes dos, como padres que son, se sienten alterados. Hay que aceptar que su disgusto por lavar sábanas y pijamas orinadas todos los días, y ahora además, calzones y pantalones, es un desagrado legítimo. *Lo importante es la forma en que ustedes expresen esa frustración, no el hecho en sí de expresarla o no.*

Aunque ustedes hayan logrado un triunfo ocultando su desagrado, repito que los niños son más sensitivos que cualquier adulto. Aunque el problema jamás haya sido tema de discusión, no pueden evitar la manifestación y la transmisión de pistas no verbales que señalan su desagrado: Una expresión, un ademán, un tono de voz, el intercambio de miradas. Quizás su silencio sea el mensaje más elocuente.

En su caso, creo que el asunto debe esclarecerse, pero como nadie toca el punto su hijo no puede preguntar si su actitud les enoja. Y para resolver esa ambigüedad, comienza a hacerse pipí en el día, considerando que eso sí tienen que notarlo sus padres. ¿Ahora sí dirán algo?

No quiero decir que no trate de llamar la atención. Creo que el hecho de doblar su actividad urinaria sugiere que intenta sacarlos de su silencio. Ya es tiempo de que ustedes, sus padres, le enseñen su juego.

Comiencen con una discusión sobre mojar su cama. Defínalo como que es un problema para usted, su madre. Dígale que no le hace maldita la gracia lavar sábanas y pijamas orinadas todos los días. Traiga el tema a la superficie para que pueda comenzar a ayudarle a que *él* resuelva la dificultad.

Ponga especial esfuerzo en *no responsabilizarse* del asunto. La responsabilidad *es del niño*. El necesita que usted le transmita un mensaje claro y directo con respecto a sus sentimientos materno-personales y que se comprometa a comprenderlo y apoyarlo.

—Mi amor, queremos hablar contigo con respecto a que te haces pipí casi todas las noches y sentimos que ya es hora de que dejes de hacerlo. Queremos saber qué piensas de eso. ¿Quieres seguir haciéndote pipí en la cama?

Es esencial obtener alguna indicación de que el nene ya no quiera hacerlo, pero no podemos imponerle el punto de vista. Sin embargo, para el pequeño será mucho más fácil decirlo una vez que sepa cuál es la posición de sus padres.

También requiere escuchar un mensaje claro con respecto a lo demás: —También queremos que dejes de hacerte pipí de día.

Es muy probable que una vez que ustedes hayan abandonado su ambivalencia y declarado su posición, el nene ya no sienta necesidad de hacerse pipí en el día. Si insiste en hacerse pipí en la noche, pueden ustedes aplicar el método señalado en PIPI EN LA CAMA.

Un lugar para hacer berrinches

Los berrinches se suscitan por una buena variedad de razones. Para empezar, son un inevitable producto secundario hasta en la infancia más sana y feliz. Igual que los adultos, los niños tienen capacidad para encolerizarse y sentirse frustrados, excepto porque ellos no saben que "hay más de un método para desollar al conejo", que existen alternativas y que hay que adaptarse. Además les cuesta mucho trabajo expresar sus frustraciones y saber cómo plantear sus interrogantes y sus dudas. Si no consiguen lo que quieren al primer intento, podemos presenciar la aparición de un espléndido berrinche.

La primera regla es no reaccionar ante el berrinche resolviéndole el problema al niño. Si los padres rescatan al nene cada vez que hace una pataleta porque no logró algo, aprenderá rápidamente que los berrinches lo logran todo. Si el pequeño tiene un berrinche del tipo ocasionado porque "este imbécil juguete no me obedece", quítele el imbécil juguete y diga al pequeño descontrolado que se lo devolverá cuando recupere el control de sí mismo y se tranquilice.

La segunda regla es no ceder ante sus exigencias porque tiró una pataleta. Es verdad que doblar el espinazc apaga la gritería, pero también es cierto que garantiza su pronta reaparición.

Las nalgadas no curan el hábito de los berrinches, sino que aumentan la probabilidad de que se vuelvan a presentar. *No se puede combatir fuego con fuego.*

La pataleta ocasional puede manejarse estupendamente esperando que siga su curso y estando cerca para cuando termine y señalar al niño cómo contender con lo que lo haya alterado.

Los berrinches constantes suelen ser la indicación de que los padres no hacen obedecer las reglas con firmeza y constancia. Un día, Pepita quiere una galleta antes de cenar y la obtiene porque mami está demasiado agotada como para ser firme. Al día siguiente, como mami durmió siesta, se le rehusa la galleta. Pepita escenifica un berrinche, ante lo cual mami *a*) le propina una nalguiza, *b*) le da la galleta, *c*) la encierra en su cuarto, *d*) se pone histérica, *e*) todo lo anterior. Este tipo de conducta gelatinosa, tensiona espantosamente a Pepita y a cualquier otro niño.

Elija una hora tranquila cuando toda la familia esté en paz. Siéntese con su nene y dígale: —Queremos hablar contigo sobre los berrinches. Organizas cerca de diez pataletas diarias, por lo cual hemos tomado la decisión de asignarte un lugar especial para que los desarrolles. Lo llamaremos el Lugar de los Berrinches. Tu Lugar de los Berrinches será el baño de la planta baja (o cualquier otro sitio relativamente privado de la casa).

—De hoy en adelante, cuando organices un berrinche, te irás (o te llevaremos) al Lugar de los Berrinches; cerrarás la puerta y harás tu berrinche a gusto. Ahí puedes organizar todas las pataletas que quieras sin que nadie te moleste durante el proceso.

Hable de la habitación elegida como del mejor sitio de la casa para tirar berrinches. Nadie es tan capaz como Pepita para organizar pataletas de categoría.

—Decidimos otorgarte el baño (o lo que sea) porque nos parece que es el mejor sitio de la casa para hacer berrinches. Es muy chiquito, así que tus gritos se oirán más fuertes. Tiene un excusado por si se te ofrece. Hay un apagador para que si lo deseas, te quedes a oscuras y hagas un berrinche aún más grande. Te puedes echar de espaldas en la alfombrita y patalear sin lastimarte. Cuando la pataleta haya terminado, tendrás pañuelos desechables para sonarte, secarte las lágrimas y agua para lavarte la cara. Esperamos que te agrade. No estaría mal que *ahora mismo* fueras a hacer un berrinche para ver qué tal funciona.

Es muy probable que el primer día haga varias pruebas, y luego, al ir desapareciendo el entusiasmo de la novedad, comience a tirar pataletas más breves y esporádicas. Cuando así suceda, déle las gracias por ayudar a que haya silencio en la casa. Si llegara a olvidar su lugar especial y comienza a hacer sus numeritos en la sala, diga algo parecido a: "Te recuerdo que tienes un Lugar para los Berrinches. Más vale que lo ocupes antes de que se te agote la pataleta". De ser necesario, llévelo cuando todavía esté berreando, con firmeza pero sin aparentar enojo.

Si continúa escenificando algún berrinchito esporádico cuando usted no está cerca o lo hace en su propia habitación, deje que siga su curso sin darse por enterada.

¿Es un truco? No, es un juego en el que todos los participantes aprenden algo valioso respecto a cómo enfrentarse a situaciones de *stress*. He comprobado el buen funcionamiento de esta técnica con niños de entre dos años y medio y cinco, edades en las que es más común el problema de los berrinches. Es probable que los mayores de cinco años no cooperen en el juego y sea necesario anunciarles:

—No me gustan las pataletas. Cuando hagas un berrinche, te voy a encerrar en el cuarto de baño de la planta baja y te voy a cerrar la puerta. No saldrás hasta que hayas terminado de hacer tu berrinche. Si sales antes, te vuelvo a meter.

Cabezazos

(P) *Tenemos una pequeña de tres años que se da de topes. A los seis meses, comenzó a golpearse la cabeza contra los barrotes de su cuna con suficiente fuerza como para sacarse moretones. Alrededor de los dos años, se las ingeniaba para pegar con la cabeza en el piso, una silla o lo que encontrara a mano. Hay dos tipos de cabezazo: El que usa para arrullarse y dormirse y el que expresa cólera o frustración. Se ha dado cuenta de que eso nos afecta y de que cedemos con tal que deje de hacerlo. Ya sé que esa no es la solución, pero nada de lo que hagamos logra resultados. El pediatra afirma que eso no la lastima, pero insiste en que tiene algún problema psicológico. Los amigos y la familia comienzan a preguntar qué le pasa. ¿Cómo podríamos detenerla?*

(R) En principio, estoy totalmente de acuerdo con el pediatra: No se lastimará. Les aseguro que nada tan lejano de su intención como lastimarse. Por lo demás, no creo que la niña tenga una problema psicológico. Aunque es cierto que muchos pequeños retrasados o autistas se dan de cabezazos, también es verdad que muchos niños normales también lo hacen.

Darse de topes es bastante común entre los niños; comienzan alrededor de los seis meses, poco después de que pueden ponerse en cuatro pies. En esta etapa, los nenes prueban su equilibrio balanceándose atrás y adelante sobre manos y rodillas, dando la apariencia de que están adquiriendo impulso para despegar de la tierra. Si encuentran al frente una pared o un barrote, es seguro que descubran los indecibles placeres de darse de topes.

La combinación monótona de ritmo y autoestimulación, es hipnótica y lanza al nene hacia un trance feliz durante el cual está absorto en sí mismo. En ese aspecto darse de topes es igual a chupar la cobijita o el dedo pulgar. Estas conductas los serenan y el niño que descubre sus beneficios encuentra un método ingenioso para procurarse la tranquilidad y la comodidad que de otra manera exigiría de sus padres. Al chuparse el dedo o darse de topes, logra sentir sueño, ocupar su tiempo ocioso e incluso posponer la necesidad de comer o de que lo tomen en brazos. Por lo tanto, y en cierto sentido, los padres que tienen a un nene que se da de topes son afortunados.

Pero la mayoría de los padres no se sienten así. Para comenzar, los buenos padres no permiten que sus niños se lastimen. Además, el darse de topes ha sido asociado erróneamente con problemas emocionales graves. Es tremenda la idea de tener entre manos a un pequeñito tan perturbado que goza haciéndose daño.

En consecuencia, procuramos impedir que el nene se dé cabezazos. Primero, procuramos distraerlo, lo cual funciona. . . temporalmente. Al poco rato, escuchamos de nuevo un bang-bang que proviene del cuarto del peque. Corremos para descubrir que se golpea rítmicamente la cabeza contra la puerta o la pared. Lo tomamos en brazos, lo llevamos a la cocina y le damos una galleta.

Esto se repite a lo largo del día, y poco a poco, se hace la luz en la mente de nuestro heredero: no sólo se siente bonito darse de topes, sino que es una forma de comunicación. Cuando quieras que mami venga, pega con la cabeza, como en la clave Morse.

Y entre más se golpea la frente, más elevado se vuelve el umbral del dolor y tiene que pegar más y más fuerte para sentir algo. Los moretones se convierten en chipotes y las vecinas, dando alas a la imaginación, comienzan a vernos con desconfianza y andan cerca de acusarnos por ser padres golpeadores.

Pero entre más luchamos por detener al heredero, son más fuertes y frecuentes los cabezazos. Cuando el nene llega a los "Terribles Dos", los cabezazos se integran a los berrinches y dado que la criatura está fuera de control, se vuelven más violentos. A esas alturas, ya estamos dispuestos a llegar a cualquier extremo con tal de detenerlo y el peque descubre que dándose de topes puede obtener lo que se le venga en gana. Lo que comenzó como algo sin importancia, se convierte en foco de *stress* para toda la familia, que está cerca del límite.

Es imprescindible que los padres recuperen el control de la situación y no es tan difícil lograrlo. Hay que buscar el momento oportuno, cuando la casa esté tranquila y nadie vaya a interrumpirles en su charla con el heredero:

—Hemos decidido otorgarte un lugar especial para que te des de cabezazos. A nosotros ya no nos molesta que lo hagas, pero no queremos verlo ni escucharlo. Si te quieres dar de topes, vete a tu habitación (o al sitio que ustedes decidan). Ahí puedes hacerlo todo el tiempo que quieras. Mamita te ayudará a recordar esta regla y a cumplirla.

El sermón debe ser corto y simple. No espere que el pequeño tenga presente la nueva regla. Cada vez que comience con el topeteo, recuérdesela: —Olvidaste la regla. Vete a tu cuarto. Te ayudaré cerrando la puerta una vez que estés adentro.

A la buena o a la mala, llévelo a su cuarto y déjelo ahí. —Puedes salir cuando hayas terminado.

Pueden pasar varias semanas antes de que se vean resultados y habrá crisis agudas cuando el nene decida probar la fuerza de su voluntad contra la de ustedes. No obstante, *los casos más serios no tardan más de seis semanas en resolverse*, aunque es probable que por algunos años siga dándose esporádicamente de cabezazos para relajarse y sentirse tranquilo.

Berrinches destructivos

En una de las historias del Tío Remus, se cuenta que el Hermano Oso y el Hermano Zorro hicieron un muñeco de brea con la esperanza de atrapar de una vez por todas al latoso Hermano Rabito. No tardó el Hermano Rabito en toparse con el muñeco de alquitrán que estaba paradito a mitad del camino y, con gran cortesía, abrió conversación con un comentario sobre el estado del tiempo. Pero el muñeco no le respondió. Después de varios intentos y al ver que el majadero desconocido no contestaba, el Hermano Rabito montó en cólera y le atizó fenomenal puñetazo. Como es natural, el puño del Hermano Rabito se quedó pegado en el muñeco. Más furioso todavía, el conejo usó su otra mano para asestarle nuevo puñetazo al muñeco. . . y se le quedó pegada. Verdaderamente enloquecido de furia, el Hermano Rabito lo pateó con gran energía y acabó por quedarse completamente pegado en el muñeco. Ni tardos ni perezozos, aparecieron el Hermano Zorro y el Hermano Oso.

Hay casos en que los padres se ciegan con sus problemas igual que el Hermano Rabito. Primero, cometen el error de conferirle a las cosas más importancia de la que tienen. Luego, en vez de aprender de sus errores, comienzan a dar palos de ciego a diestra y siniestra contra el problema. Y entre más se agitan, más los atrapa el problema. Con el tiempo, el asunto comienza a infectar todos los aspectos de su vida, y como seguramente lo confirmaría el Hermano Rabito. . . una vez que te atrapa el muñeco de brea, estás frito.

Hace unos años, vino a consultarme una atribulada pareja, a cuyo niño de tres años y medio llamaré Pepito. Este Pepito era muy parecido a los nenes de su edad en el aspecto de que no aceptaba ninguna negativa y estaba decidido a gobernarlo todo hasta donde sus padres lo permitieran.

¡Y vaya que los padres de Pepito se lo permitían todo! A los tres años y medio, Pepito hacía su regalada gana mientras que sus padres alegaban haber agotado todos los medios para controlarlo. "¡Nada funciona!" clamaban a dúo. ¿Adivinen quién dirigía el *show*?

Habían probado las nalgadas. Las nalguizas moderadas lo hacían reír y cuando le sonaban en serio, Pepito adoptaba la actitud de un loco furioso. Para empeorar la situación, los padres de Pepito se tardaban un rato después del hecho delictivo tratando de decidir si le recetarían las nalgadas, y cuando lo hacían soportaban una enorme carga de culpa, que Pepito percibía de inmediato y de la que sacaba todo el provecho posible. Retirarle los privilegios tampoco funcionaba. Después de todo, ¿qué significa la pérdida de un privilegio para un nene que controla casi todo?

Hablar con él no servía, ya que después del inspirado sermón, Pepito prometía volverse perfecto y seguía haciendo lo que se le antojaba. . . desde luego, con una amplia sonrisa de satisfacción. Encerrarlo en su habitación era contraproducente Llevarlo era lo de menos, pero una vez encerrado, Pepito se volvía loco: tiraba los juguetes, vaciaba los cajones y tiraba la ropa por todas partes, sin que su actividad frenética le impidiera emitir un alarido constante, lunático. Si sus padres le ordenaban que ordenara aquel tiradero, se ponía peor y seguía aullando hasta que alguien arreglaba su habitación y la dejaba a su gusto.

Luego de su narración aterradora, los angustiados padres me preguntaron qué hacer cuando Pepito se portara así.

—Mándenlo a su habitación.

—¿Y qué hacemos cuando le dé el ataque de furia?

—¿Tiene capacidad para levantar su tiradero?

—El problema no es que la tenga, sino que no quiere hacerlo.

—Bueno, pues que se quede en su cuarto hasta que lo ordene.

Pensaron que bromeaba y se rieron: —¡Pues se quedaría ahí por días enteros?

—¿Y qué importa?

Después de convencerles de que hablaba en serio y de que mi sugerencia no era equivalente a la pena de muerte sino sólo una incomodidad menor y muy merecida para el nene, hicimos una lista de las diabluras más comunes de Pepito. El nene se iría a su habitación cada vez que hiciera algo de lo mencionado en la lista.

Y se creó una nueva regla: Si Pepito entraba en su habitual barrena de vandalismo, tendría que quedarse guardado hasta que ordenase todo, sin importar cuánto tiempo se requiriese. Mientras tanto, podría salir al baño, asistir a su programa preescolar, tomar sus alimentos con la familia (sin que se discutiera el punto de su habitación) y acompañar a sus padres cuando tuvieran que salir y no hubiese alguien que lo cuidara en casa.

Y sucedió lo siguiente:

Día 1, a las 15:45 horas: Pepito le dio una patada a su mamá y fue enviado a su habitación donde, fiel a su costumbre, enloqueció de rabia. Habiéndose rehusado a organizar su desorden, pasó el resto del día recluido (excepto por la hora de la cena) regalando a sus padres con todos los insultos que conocía (por ejemplo: "¡Cabezas de bu-bu! ¡Gente tonta!", etc.).

Día 2: Excepto por el viaje a su curso preescolar y una breve visita a la tienda con su madre, Pepito permaneció en su habitación.

Día 3: Pepito se quedó en su cuarto (excepto por el curso), rehusándose a ser derrotado.

Día 4: Todavía en su habitación, pero mostrando signos de debilitamiento. Al mediodía, ofrece ordenar parte de su cuarto a condición de que su madre arregle el resto. Sabiamente, mamá se niega a negociar, a consecuencia de lo cual Pepito la llama "Bu-bu". (Exentarla de la referencia a su cabeza, fue una señal inequívoca de progreso).

Día 5: Llega de visita una amiga de mamá llevando consigo a su hijo, que también tiene tres años y medio. *Pepito ordena perfectamente su habitación en no más de quince minutos.*

Durante las siguientes semanas, Pepito puso su cuarto patas arriba varias veces, y lo ordenó antes del anochecer. . .

Hasta donde yo sé, ya no volvió a hacerlo, y ahí lo envían sus padres cuando no se porta bien. Porque el método funciona.

Ahí tenemos a un muñeco de brea que mordió la lona.

La hora de acostarse: ¿batalla campal? más trascendente de lo que parece

(P) *Nuestro único hijo tiene trece meses. Durante trece meses lo he estado meciendo en la noche y antes de su siesta para que se duerma. No me molesta hacerlo y lo prefiero con tal de que no llore, porque si lo pongo en la cuna antes de que esté profundamente dormido, llora. Aunque quisiera que se durmiese a las ocho y media de la noche, la hora varía porque hay noches en que no se ve cansado hasta las nueve o diez. Pero independientemente de la hora en que lo acueste, siemper duerme toda la noche de un tirón. Hace poco, el pediatra nos dijo que lo pusiéramos en su cuna todas las noches a la misma hora y que lo dejáramos que se durmiera solo aunque llorara. Dice que Robbie está aprendiendo a que si llora a la hora de acostarse, lo tomaremos en brazos. ¿Está usted de acuerdo con él?*

(R) Casi. Estoy totalmente de acuerdo en que debe dejar de mecerlo para que se duerma y establecer una hora fija dejándolo que se duerma por sí mismo.

El asunto tiene más trascendencia de lo que parece y no es algo tan simple como que el niño aprenda a asociar que si llora se le carga. Lo preocupante es lo que Robbie NO ESTA APRENDIENDO.

Por ejemplo, NO está aprendiendo a conciliar el sueño por sí mismo. Por el contrario: depende cada día más de usted y existe la posibilidad de que llegue a convencerse de que para conciliar el sueño es indispensable que esté cerca de él. Tener un pequeño de trece meses que llora al acostarse es una cosa, y *luchar con un tres añero* para que se vaya a la cama, es otra muy diferente.

Robbie NO está aprendiendo a predecir cuándo se acerca la hora de dormirse. Eso es muy importante porque los sentimientos de seguridad de un niño se basan, en buena medida, en la capacidad de "descifrar" el ambiente percibiendo pistas de que están a punto de ocurrir ciertos acontecimientos. En la vida de un niño, *el tiempo* debe estar tan bien organizado como todo lo demás. La confusión respecto a dónde-están-las-cosas o cuándo-sucede-qué entorpece los intentos que hace el nene por tomarle algún sentido lógico a todo lo que le rodea. *La rutina le ayuda a desarrollar un sentido claro de causa y efecto y contribuye a su sensación de capacidad y confianza en sí mismo y en los demás.*

Robbie NO está aprendiendo que es usted quien controla en qué momento suceden las cosas. En vez de decidir cuándo es hora de que Robbie se acueste, parece que usted *espera que sea Robbie quien dé la señal,* que de alguna manera muestre que es hora de acostarse. Eso coloca al nene en el asiento del conductor mucho antes de que haya aprendido siquiera a ser un buen pasajero.

Y el NO más importante es que Robbie NO está aprendiendo a desprenderse de usted cuando termina el día. Y usted tampoco está aprendiendo cómo dejarlo ser autosuficiente.

La importancia de la hora en que deben acostarse, tiene poco que ver con lo cansados que estén los niños o con sus requerimientos de sueño. Tiene una relación estrechísima tanto con los padres que, como pareja necesitan tiempo para ellos mismos, como con enseñarle al niño que ser autosuficiente y desprenderse de usted es algo positivo. La hora de acostarse es un ritual sano de separación mutua, independencia y autosuficiencia.

Casi todas las interrogantes de primera magnitud que surgen entre padres e hijos involucran en grados diversos la unión y el desprendimiento, y el niño podrá ser más independiente de sus padres de acuerdo con el grado en que se resuelvan estas interrogantes. En otras palabras: Aprender a soltarse de los padres (y especialmente de la madre) es aprender a crecer y a madurar.

Es el problema de la hora de acostarse el que con mayor frecuencia trae este importante punto a la luz. La forma en que se maneje establecerá un precedente para contender con separaciones futuras de distintas índoles: Quedarse con otra persona, *ir a la escuela, etc.*

Como padres de Robbie, depende de ustedes tomar el volante y establecer buen precedente. Si se muestran indecisos con respecto a dejarlo irse a la cama el nene puede interpretar su vacilación como una señal de que separarse es malo o peligroso. Y créanme, pocas situaciones provocan tanta tensión en las familias como un pequeñito con mamitis y papitis.

Si quieren que Robbie se acueste a las ocho y media, primero establezcan una rutina que se inicie a las ocho de la noche y le haga saber que se acerca la hora de acostarse. Corone la rutina con ponerlo en su cuna, arroparlo y salir de su cuarto.

Si llora (¡y llorará!), usted y su esposo pueden turnarse asomándose a su habitación cada cinco o diez minutos con objeto de tranquilizarle (verbalmente) y asegurarle que lo están cuidando desde muy cerca. Por favor, no lo carguen ni permanezcan en su habitación.

La hora de acostarse también es benéfica para los padres

(P) *Tenemos un niño de tres años que le tiene pánico a la oscuridad y que se rehusa a ir a la cama a menos que uno de nosotros lo acompañe y se quede a su lado hasta que se duerma. Esto comenzó hace cerca de un año, pero al principio se iba a acostar siempre y cuando le dejáramos la luz del pasillo encendida. Pero eso ya no le basta. Cuando lo acostamos (alrededor de las ocho y media), comienza a gritar que tiene miedo hasta que regresa uno de nosotros y se queda a su lado mientras se duerme. Y entonces se queda despierto hasta las* *once y a veces hasta las doce de la noche... y a las 6:30 de la mañana, está de pie y listo para conquistar al mundo. No está durmiendo suficiente; hemos probado inútilmente de darle una nalgada o de tenerlo despierto hasta muy tarde. El pediatra dice que lo dejemos gritar, pero la primera noche que lo intentamos, lloró tres horas. Estamos a punto de volvernos locos. ¿Puede usted ofrecernos sugerencias o esperanzas para el futuro?*

(R) Lo intentaré, comenzando por dejar establecida la verdadera razón por la que existe una hora específica para acostar a los niños. Una vez hecho eso, creo que las demás piezas del rompecabezas irán cayendo en su lugar.

Es mi obligación profesional informar a ustedes que la hora de irse a la cama *no existe* sólo porque los niños tienen que dormir. Sí, los han engañado:

Prevalece el rumor de que los peques de tres años requieren entre diez y doce horas de sueño. *No es correcto.* Excepto en circunstancias verdaderamente insólitas, *los niños duermen exactamente el tiempo que necesitan, sin importar dónde se duerman, a qué hora y cuánto tiempo permanezcan dormidos.* Generalmente hablando, el niño da señales de cansancio y si necesita doce horas de sueño, dormirá doce horas. Por otra parte, es indiscutible que hay tres añeros que sólo requieren ocho (y hasta menos) horas de sueño por noche.

Las necesidades de sueño de cada niño son diferentes. Tiene sentido, ¿verdad? ¿Por qué hemos de esperar que dos niños que tienen apetitos, temperamentos y niveles distintos de actividad requirieran por igual diez horas de sueño por noche?

Le cuesta a uno mucho esfuerzo comprender cómo pueden levantarse al amanecer, con los ojitos brillantes, el ánimo en alto y una energía aplastante cuando uno se siente al borde del colapso por agotamiento... pero así es. Le garantizo que su nene está durmiendo exactamente lo que le hace falta dormir.

Pero eso no tiene relación con la hora de irse a acostar, porque (repito), la hora de irse a la cama no se estableció por los requerimientos de sueño de los peques. *La hora de acostarse es para beneficio de los padres, no de los hijos.*

Una vez que los niños se han acostado, los padres quedan en libertad de conversar, cenar tranquilos y renovar y afirmar su relación mutua sin ser interrumpidos por el "tengo hambre", "cárgame", "quiero agua" o cualquiera que sea la moda imperante para posponer la hora de dormirse.

¿Pero qué importa si los niños están despiertos? ¿A quién le molesta que quieran tener la luz encendida? Puedo confesarles que a mi esposa y a mí no nos preocupa.

Cuando mi hija Amy tenía tres años y medio, se negaba enérgicamente a irse en paz a la cama a las 8:30 p.m. Empleaba el viejo truco de llórale-un-rato-y-luego-baja-a-la-sala-a-ver-cómo-está-la-situación.

El diálogo siempre era el mismo: —Sí, Amy, ¿qué quieres?

—Mmmm. . . quiero preguntar algo.

—Dime.

—Mmmm. . .

—Te escuchamos.

—¡Habla Amy! ¿De qué se trata?

—¿Cuánto falta para mi cumpleaños?

Noche tras noche era la misma historia, hasta que nos dimos cuenta de que no le faltaba sueño y de que la mandábamos a la cama para que nos dejara platicar en paz. Desde ese instante, le notificamos que tenía que irse a su cuarto a las ocho y media de la noche. Y quedarse ahí. Pero que no era obligatorio dormirse si no tenía sueño. Después del beso de las buenas noches y de que la arropáramos en su camita, podía encender la luz, cerrar su puerta y jugar a su gusto mientras que sus queridos padres procedían a descansar y a renovar su relación y su amor.

Antes de ir a acostarnos, casi siempre encontrábamos a Amy dormida en el suelo y rodeada por sus juguetes. Ahora que tiene nueve años, Amy sigue yéndose a su cuarto a las ocho y media y para las nueve ya está dormida. . . y si no es así, nosotros estamos fascinados y ella es feliz y jamás se queda con sueño.

¡Hay monstruos en la oscuridad!

(P) *Nuestra pequeña de cinco años, que acaba de ingresar al kinder, tiene miedo de ir sola a la planta alta de nuestra casa. Ni de día ni de noche acepta subir la escalera si no la precede uno de nosotros y exige que revisemos su habitación, especialmente el clóset, para ver que no haya monstruos. Si nos retrasamos o insistimos en que vaya sola, se pone histérica. Sentimos temor de que esto pueda ser el inicio de algún problema emocional serio que, mal manejado, pudiera tener efectos perdurables en ella. ¿Qué debemos hacer? Tenemos otro pequeño de un año dos meses.*

(R) También en el closet de ustedes hay un monstruo. Se llama "El-monstruo-de-algo-horrible-pasará-en-la-mente-de-nuestra-niña-si-no-actuamos-acertadamente".

Esta espantosa criatura vive en los clósets de todos los padres que piensan que sus niños son frágiles como un cascarón hueco entre el duro juego de la vida; un rozón inadecuado y quedará roto para siempre. Ese monstruo que habita nuestros clósets persigue la relación con nuestros hijos, salta de donde y cuando menos lo esperamos, agota nuestro sentido común y nos paraliza la espontaneidad.

Ese monstruo acecha en nuestras pesadillas diurnas, murmurando entre dientes: "Tus niños tienen problemas emocionales, y todos son culpa tuya".

Pues les tengo una mala noticia: *Todos los niños crecen con problemas emocionales.* Las emociones SON un problema, especialmente para los pequeños. Las emociones son sentimientos poderosos, impredecibles, tormentosos, desorientadores y, a menudo, dolorosos. La mayor parte de los años del desarrollo, y con frecuencia muchos más, son de lucha por domar a nuestros monstruos interiores.

Durante los primeros veinte años de su vida, el ser humano va de una tormenta emocional a otra, desde el nacimiento (que es una de las más terribles) hasta las separaciones, tener dos años, aprender a compartir, marcharse a la escuela, la pubertad, la sexualidad y el abandono de la casa familiar.

Cuando la persona siente que comienza a levantarse porque cedió una de las crisis, se presenta la siguiente y la sacude hasta lo más profundo. *Esto es suficiente como para poblar de monstruos el clóset de cualquiera.*

Y ser padre o madre puede ser tan frustrante, desorientador y doloroso como ser niño. La diferencia es que, mientras que los niños tienen poco control sobre qué tan difícil pueda ser su vida, *los adultos hacemos que la paternidad sea tan difícil como nosotros queramos.* Uno de los métodos más eficaces para hacernos la vida difícil estriba en alimentar al monstruo que nos espera en el clóset.

La mayoría de los niños tienen monstruos de una u otra clase, pero los únicos que permanecen alrededor de ellos por mucho tiempo son los que habitan en casa dc esos padres que también tienen su monstruo particular.

El monstruo de un niño es impotente por sí mismo, pero asóciese con algún monstruo paterno y garantizamos que se desatará un *pandemonium.* Comience por desaparecer a su propio monstruo. Los niños no son cascaroncitos frágiles que se destruyen irremediablemente al primer contacto con una superficie dura. Si así fuera, ninguno sobreviviría a su tercer cumpleaños.

Los niños son personitas flexibles, recias, que rebotan extraordinariamente bien sobre la frustración, las dificultades y los traumas de su existencia impredecible. Con un poco de apoyo nuestro, pueden echar fuera de su clóset a sus propios monstruos.

Probablemente el miedo de su hija a los monstruos sea una indicación de que, súbitamente, su mundo se haya vuelto un poco más atemorizante. Tiene que estar sola en la escuela y ver que la atención se prodiga al hermano pequeño que se queda en casa con mamita como antes lo hacía ella. Bueno, así es la vida, ¿no?

De modo que, haga usted lo que sabe que tiene que hacer. No se quede en su habitación, y si grita para que no se vaya, dígale con firmeza: —Lo lamento, pero no es posible. *Tú metiste ese monstruo a tu clóset imaginándote que ahí estaba. Ahora, tienes que imaginarte que ya no está.*

Una vez que usted se deshaga de su propio monstruo, el de la niña desaparecerá antes de lo que se imagina. Después de todo, es muy triste ser el único monstruo de una casa.

¡Mi hijo no quiere comer!

(P) *Tenemos una hija única, de dos años y medio. Le di el pecho hasta los diez meses. Cuando cumplió cinco, el pediatra me indicó que comenzara a darle alimento en puré, pero no quise hacerlo porque la nena parecía estar sana, perfecta y satisfecha con el pecho; el pediatra me dijo bruscamente que mi actitud era irresponsable, y obedecí. Pero se negó a cooperar con la nueva dieta: lloraba, volvía la cabecita y escupía la comida. Hasta la fecha, no logramos que tome una comida en forma. Por la mañana, come cereal, queso, papas fritas, palomitas, galletas y mantequilla de cacahuate. A la hora de comer, apenas acepta un emparedado y la cena se convierte en una verdadera tragedia. Ya la hemos obligado a sentarse a la mesa, la hemos sobornado, nalgueado y hasta hemos llegado al extremo de meterle la comida a la boca a fuerza. Pero si la obligamos a comer cualquier cosa que no le gusta, pasados unos minutos, vomita. Como resultado, todos los aspectos de nuestra relación son muy tensos. ¿Qué podemos hacer?*

(R) La comida tiene el potencial de adquirir una importancia gigantesca dentro de una familia, y acaba por involucrar asuntos que no tienen ninguna relación con su valor nutritivo.

El traslado de la alimentación de madre a hijo durante el

primer año entraña una gran estimulación y cercanía, ya que el niño recibe al mismo tiempo de ella nutrición física y emocional. Cuando el pequeño avanza hacia su segundo año de vida, el papel de guardián de la despensa que desempeñan los padres puede convertirse fácilmente en un conflicto central dentro de los casi inevitables forcejeos por el poder que se desarrollan cuando el niño se acerca a los veinticuatro meses. A esa edad, el nene ya tiene el vocabulario suficiente como para manifestar sus gustos y rechazos por determinados alimentos, y suele exigir que se le alimente en un horario que va contra la costumbre de la familia.

Además, este pequeño Navegante ya no depende totalmente de que sus padres le metan el alimento a la boquita, y ejercita su independencia experimentando con diversos métodos para obtener el alimento. Descubre cómo treparse a la alacena, abrir el refrigerador y destapar frascos de conservas.

En realidad, bajo ciertas circunstancias de *stress*, el acto de alimentar al pequeño puede confundirse con la calidad o la cantidad de afecto de la relación, el planteamiento de quién controla a la familia y de qué dosis de autonomía se permite al niño. Cuando los alimentos adoptan esta importancia, comienzan a interferir en la relación. En otras palabras, se convierten en la materia a través de la cual padres e hijos intentan resolver ciertas conflictivas. Todos acaban por pensar que la razón para sentarse a comer *no es* la de ingerir alimentos; en realidad, ingerir alimentos es secundario ante los aspectos sociales y rituales de la reunión ante la mesa. La comida reúne a la familia, y es un encuadre en el que se reafirman los valores de unidad y los actos de compartir. Importa poco *qué o cuándo* come la gente; lo que cuenta es la buena conversación y el sentimiento de que "todos somos una familia".

La idea NO es convencer a su hija para que coma. Le aseguro que come lo suficiente y que su dieta está balanceada; la meta importante es integrarla al ritual de unificación en la mesa familiar. Durante el día, puede acceder a sus preferencias alimenticias hasta un punto razonable, *pero conserve el control y el mando con respecto a qué hora se sirve la comida formal* (recuerde que los pequeños de dos años usualmente necesitan una galleta o algo sencillo a media mañana y a media tarde).

A la hora de la comida principal, arregle el plato de su hija con porciones pequeñas de lo mismo que coma la familia. Si ella manifiesta su disgusto por cualquiera de los alimentos que encuentre en el plato, ignore el contenido de su comentario y proveche la oportunidad para involucrarla en la conversación respondiendo con algo parecido a: "Cuéntale a papito lo que hicimos hoy". Aliéntela para que tome parte en la plática, aunque habrá ratos en que la charla entre adultos sólo la convierta en oyente.

Cualquier comentario de los adultos sobre la calidad de la comida debe ser breve y halagador. Exija que la nena permanezca en la mesa hasta que todos se levanten o se les dé permiso de irse, pero en *ningún momento* la obligue o le ordene que coma ni un solo bocado.

No utilice el postre como premio por haber comido, ni condicione las golosinas a que coma bien.

El comelón compulsivo

(P) *Puede parecerle trivial, pero mi hija de cuatro años pide de comer casi a todas horas. El trato es que se le da un tentempié a media tarde, pero la pequeña no parece entenderlo ni acepta la limitación. Estoy harta de sus exigencias, de sus chillidos de "hambre" y espero que me sugiera algo.*

(R) ¡Y vaya que le puedo hacer sugerencias! Pero antes, aclaremos algo: Esto no es trivial. Cualquier punto que tenga que ver con la comida es muy importante. Después de todo, ¿hay algo más esencial que la alimentación?

La comida puede adquirir un importante carácter simbólico dentro de la familia y entre sus miembros pueden generarse muchos conflictos respecto a *qué y cuándo* come cada quien. Y la comida adquiere todavía más significado entre padres e hijos.

No cabe duda de que una de las asociaciones más fuertes que se forman en el primer año de vida es la de la madre y el alimento. Mientras crece el niño, la madre conserva el papel de dadora de alimento. Desde este punto de vista, es comprensible que la comida se convierta en materia de conflicto dentro de la lucha por el poder que se desarrolla entre padres e hijos. El conflicto puede adoptar muchas formas, pero la esencia básica siempre es la misma: "¿Quién controla la comida?". Y en un sentido más amplio y profundo, la interrogante es: "¿Quién controla esta familia?".

Por lo tanto, es tan esencial como la alimentación que los padres ejerzan un control absoluto e indiscutible sobre la distribución de alimentos en la familia. Esto no quiere decir que el sistema no sea lo suficientemente flexible como para permitir que los niños tomen algo o se sirvan alguna vez, pero sin perder de vista que la autoridad definitiva es de los padres. Si los padres no son capaces de demostrar su autoridad en esta área, ¿cómo pueden pretender demostrarla en las demás?

Es ejercicio legítimo y necesario de la autoridad paterna que se controle el "cuándo" de la alimentación estableciendo ciertas horas del día, independientemente de planear los tentempié que los pequeños requieren o acostumbran a media mañana y a media tarde.

Hay un método comprobado para anunciar la hora de comer al mismo tiempo en que se confirma la autoridad de los padres como guardianes de la despensa. Seguramente en su casa hay algún reloj con carátula grande. Tome una hoja de papel y dibuje una carátula parecida a la de ese reloj, pero sin dibujar las manecillas. Después, dibuje las manecillas en la hoja de papel, indicando la hora del tentempié mañanero o vespertino. Coloque su dibujo cerca del reloj real, llame a la nena y dígale: —Cuando las manecillas del reloj queden igual que las del reloj que dibujé, te daré algo de comer. Ahora, puedes decirme a qué hora toca.

Es poco probable que una criatura de edad preescolar haga la asociación de inmediato, de modo que espere que durante varios días siga pidiendo de comer fuera de horas. Cuando lo haga, muéstrele los dos relojes asegurándole que cuando sea la hora, le cumplirá lo prometido. Señale que las manecillas no están iguales, y recuerde de demostrarle a qué se refiere con "iguales" cuando llegue el momento mágico.

Las técnicas como la anterior son muy eficaces para establecer rutinas con los niños. Es común que los pequeños necesiten algún recordatorio visible de las reglas, los horarios y los límites que, de otra manera, les resultan invisibles.

La cobijita "chupable"

Realmente, los adultos sabemos poco de los niños. Nos gusta pensar que lo entendemos todo, pero ese concepto se viene abajo tan pronto como nos enfrentamos con lo que nos altera en cuanto a la conducta de nuestros hijos.

Tomemos como ejemplo al pequeño Samuelito. El mes próximo cumplirá cinco años y todavía sigue llevando consigo una cobija por dondequiera que va. Por lo menos, se supone que el pedazo desgarrado de tela, *fue* una cobijita. Hace casi cinco años, era la cobija que lo cubría en su moisés y en su bambineto. Después, se trasladaron juntos a la cuna y por último a la cama.

Sus padres se preguntan si algo le funciona mal a Samuelito, ya que se supone que los nenes no andan por ahí arrastrando la cobija a los cinco años. Claro, en las tiras cómicas hay un pequeño que lleva consigo su cobijita y se llama Linus. En Linus resulta muy simpático el asunto de la cobija, pero en Samuelito ya no les parece chistoso.

Tal vez Samuelito se sienta inseguro. Eso quiere decir nervioso, ¿no? ¡Santo Cielo, piensan los padres, seguramente hicimos algo espantosamente inadecuado con Samuelito para que se sienta así!

"Quizás le quitaron la mamila muy pronto, o lo sentaron precipitadamente en la bacinica. ¿La separación? ¡Sí... eso fue! Aquella vez que discutieron fuerte y estuvieron separados por tres meses, cuando Samuelito apenas tenía un año y medio. ¡Extrañó tanto a su papito! ¡Santo Dios! ¿Qué hemos hecho? ¡Habrá que ponerlo en manos de un psicólogo!"

Es necesario hacer algo para que Samuelito deje la cobija y se sienta más seguro. El próximo verano ingresará a la escuela y sus maestros se darán cuenta del tipo de monstruos que tiene por padres si el nene sigue ondeando la maldita cobija para que la vea toda la humanidad.

—Vamos, Samuelito, danos tu cobija. Ya eres un niño grande y no necesitas ese trapo horroroso. Si dejas la cobija, te compraremos una bici nueva... ¿Por qué no, Samuelito?

¿Quitarle la cobija cuando esté dormido? ¿Explicarle que se la llevó Santa Claus? ¿Y qué tal si decimos que vino el hada de las cobijas, se la llevó y le dejó dinero a cambio?

No, ni pensarlo, no podemos forzar al niño porque se sentiría *más* inseguro y a lo mejor comenzaría a chuparse el dedo... Y los padres de Samuelito no encuentran la cuadratura del círculo.

Pero el problema no es Samuelito. *El problema son sus padres*. Los adultos necesitamos tener respuestas para todo y entre más complicada es la respuesta, más confianza nos inspira. En el proceso de convertirnos en adultos, la mayoría de nosotros olvida cuán simple puede ser la vida.

Los adultos nos alteramos y llegamos a asustarnos ante lo que no entendemos, y eso incluye a los niños. Cuando los adultos no comprendemos algo, tejemos cobijitas chupables con palabras y las llamamos "explicaciones". Cuando esas "explicaciones" se vuelven suficientemente complicadas, se convierten en fantasías.

Y eso le sucedió a los adultos de Samuelito. No entienden lo insignificante de la cobijita porque ya no ven al mundo en términos sencillos. Han aprendido demasiadas palabras.

No comprenden por qué insiste en llevar su cobija a todas partes y eso los altera muchísimo. El niño de los vecinos, que tiene cuatro años, no ama a su cobija. Samuelito es diferente y sus padres piensan que algo anda mal, de manera que inventan una fantasía poblada por dragones y demonios; eso se traduce en que la cobijita de marras acaba por convertirse en el objeto más importante de la casa. El asunto de la cobija crece de tal manera que sofoca el sentido común de toda la familia.

—¡Oye, Samuelito! Aquí entre tú y yo, cuéntame por qué no sueltas la cobija.

—Es que me gusta.

Bastante sencillo, ¿no? Ahora que, a lo mejor Samuelito se siente un poco inseguro. Es natural, ya que todo mundo intenta quitarle su cobijita.

El chupadedo

Hasta hace poco tiempo, mi hija Amy se estacionaba el dedo dentro de la boca cuando estaba fastidiada, cansada, de mal talante, o simplemente cuando se acostaba. A mí no me preocupó. Amy comenzó a perfeccionar su técnica cuando nació.

Pero no todo mundo piensa igual que yo. Muchas personas creen que algo anda mal con todas las Amy del mundo. Chuparse el dedo desafía los convencionalismos y eso incomoda a los adultos. Mientras que los adultos tienen "razones" para los actos, todo va bien, de modo que se han inventado algunas para explicar por qué algunos dedos infantiles se localizan donde no debieran. Usted puede elegir la que más le acomode:

La teoría del nene nervioso, que dice que chuparse el dedo es señal de inseguridad. Los padres que adoptan esta teoría, se muestran especialmente alterados cuando su pequeño se chupa el dedo en público denunciando de esta manera su desdichada situación ante el mundo.

Otra teoría, atribuida al desgastado y trasnochado de Fraude (¿o era Freud?) señala que los niños se chupan el dedo porque experimentaron algún trauma asociado con haber sido amamantados con pecho o con mamila. Esos pobrecitos nenes crecen chupando un pezón sustituto tras otro... cigarros, popotes de refresco, caramelos, lápices, etc. Cuando llegan a la edad adulta, son pervertidos que prefieren sus cervezas a pico de botella.

Suele ser más fácil que las niñas queden impunes por la chupada de dedo. Incluso hay gente que piensa que se ven "monísimas"... hasta que entran a la escuela. Corre también la leyenda tonta de que el niño que se chupa el dedo está en peligro mortal de volverse maricón.

Luego, siguen las historias de terror: Los cuentos nocturnos para los chupadedo: "Había una vez un príncipe que se chupaba el dedo. Cuando creció, todos se horrorizaban de ver que tenía los dientes salidos, estaba bizco y las orejas le papaloteaban al viento. Era horrible, y la princesa no se quiso casar con él".

Yo tengo mi propia teoría: Gracias al don de poderse chupar el dedo, hay adultos que llegan a construir sus sueños convirtiéndolos en realidad, como los cohetes espaciales y las computadoras.

Hasta donde yo sé, los nenes se chupan el dedo porque les gusta. Chuparse el pulgar (o cualquier otro dedo) los tranquiliza y los relaja. Es una fuente portátil de placer que siempre se encuentra a la mano. La respuesta con respecto a por qué unos niños se chupan el dedo y otros no es: "Porque sí". No tiene más significado que gustar o no de las espinacas.

De manera que se hace un enorme escándalo por algo insignificante. El pequeño no dejará de chuparse el dedo porque lo amenacen, lo ridiculicen, lo critiquen o se lo ordenen. Estas medidas "persuasivas" pueden crear un problema donde en principio realmente no había ninguno.

El pequeño no puede separar los sentimientos que le transmitimos sobre ser chupadedo, de lo que siente sobre sí mismo. Si se le presiona y persigue porque se chupa el dedito, acabará pensando que algo anda mal consigo mismo.

Puede retraerse y pasar más tiempo solo para chuparse el dedo en privado o buscar alivio a su inseguridad creciente chupándoselo cada vez más. Donde una vez hubo un pequeñito sano y estable que se chupaba el dedo por placer, ahora tenemos a un niño que se chupa ávidamente el dedo para mejorar la ansiedad y la molestia de sentir que es reprobable.

Si a su nene le gusta chuparse el dedo, déjelo en paz. Si no puede evitar algún comentario, le sugiero el siguiente:

—Ya veo que traes el dedo metido en la boquita. Seguro se siente bonito. ¿Sabes una cosa? ¡Te amo!

Un día cualquiera, cuando sienta hacerlo y haya desarrollado otros intereses, dejará de chuparse el dedo. *Pero será a su tiempo, no al de usted.*

¿Disciplinar en lugares públicos?

No cabe duda que controlar a los peques en lugares públicos es un asunto bastante espinoso. Si les dejamos ir un grito o una nalgada, todo mundo voltea y nos mira de tal manera que nos sentimos peor que cucarachas. Si nos hacemos los occisos, los nenes juegan al gato y el ratón (¿adivinen quién es el ratoncito?), o rompen algo o deciden desempacar los dulces de las góndolas del super y comérselos. Si uno les detiene las manitas, forcejean. Si no lo hace, se transforman en salvajes sueltos. Eso de ir de compras puede ser muy divertido. . . para ellos.

Intente lo siguiente: Haga una lista de reglas para los lugares públicos:

1. CAMINARAS A MI LADO Y NO TE SEPARARAS DE MI. NO TE LLEVARE DE LA MANO A MENOS QUE TU LO PIDAS.
2. GUARDARAS SILENCIO PRUDENTE MIENTRAS ESTEMOS EN UNA TIENDA. NO SE GRITA, NO SE CHILLA Y NO ORGANIZARAS UNA PATALETA.
3. CAMINA. NO CORRAS.

ESAS TRES REGLAS SON SUFICIENTES COMO PARA EVITAR LOS PASATIEMPOS FAVORITOS Y PUBLICOS DE LOS PEQUEÑOS EN LAS TIENDAS. ADEMAS, ES DIFICIL QUE RECUERDEN MAS DE TRES PUNTOS.

LUEGO, CORTE TRES CARTONCITOS DE COLORES DIFERENTES (COMO SI FUERAN BOLETOS PARA ENTRAR AL CINE). CUANDO HAYA TERMINADO, ESTARA LISTO PARA ENFRENTARSE CON SU O SUS HEREDEROS. USTED SERA EL MODERADOR DE ESTA CONFERENCIA. LLAME AL NENE Y ANUNCIE:

—Vamos a platicar de las visitas a las tiendas. Cuando vamos de compras, me enojo porque corres, gritas y haces berrinches porque quieres algún juguete que no te compro. Además, te alejas de mí. Así que antes de que vayamos a la tienda, te voy a decir cuáles son las reglas.

Cuando termine de notificar al nene sobre las reglas, saque los "boletos" y dígale:

—Antes de salir de compras, te voy a dar estos boletos. Son tuyos, no los pierdas. Cada vez que violes una regla, te quitaré un boleto. Si los pierdes, no saldrás a jugar (o a andar en bicicleta o cualquier otra actividad agradable). Debes tener, por lo menos UN boleto para que cuando salgamos de la tienda, puedas salir a jugar (a la bicicleta o lo que sea). ¿Me entiendes? Bien. Vamos a la tienda a practicar las reglas.

Cuando llegue al estacionamiento de la tienda, repita las reglas, entregue los "boletos" al nene y prosiga. Si el nene falta a una regla, avísele: —Ibas corriendo y la regla dice que debes caminar. Entrégame un boleto por la regla a la que faltaste.

Si llega el momento en que tenga usted que quitarle hasta el último boleto, no haga escándalo. Limítese a recordar al heredero cuáles serán las consecuencias por si las había olvidado.

La cantidad de boletos dependerá del tiempo que piense pasar en la tienda. Pero recuerde cuando usted era niña o niño y lo horrible que resultaba ir de compras con papá o mamá. Cuando los niños se fatigan, es más probable que se porten mal. No espere que un pequeño en edad preescolar camine alegremente a su lado por más de una hora. Le sugiero que para el muy pequeñito, lleve una carreola.

El convenio hecho con los boletos involucra la sanción de algún privilegio que el niño normalmente disfruta todos los días. No le ofrezca sobornos en forma de helados o juguetes a cambio de que se porte bien.

Cómo sobrevivir a un viaje con los niños

Un amigo mío tiene la pesadilla recurrente de que va encadenado al volante, viajando por una autopista sin retornos. En el asiento posterior van sus dos niños pequeños, atascándose de papitas, chicharrones, etc., saltando, pidiendo ir al baño, peleándose por los juguetes y preguntando constantemente: "¿Ya vamos a llegar?".

Para mi amigo, sólo es una pesadilla, pero conozco a muchos padres que la han vivido. Los asientos posteriores de los automóviles no se diseñaron pensando en los niños. Ir ahí es fastidioso, incómodo, y es demasiado pedirle a cualquier niño (o adulto) que se quede ahí sentado pacíficamente durante horas.

El estado de ánimo que reina en las vacaciones, se establece durante el viaje inicial, y no hay razones para que ese viaje esté teñido por la frustración y la cólera. Para comenzar, prepare una cajita o hielera donde puede poner una enorme variedad de bocadillos sanos como pasitas, zanahorias peladas, galletas, cacahuates, frutas y jugos naturales.

Deje que los pequeños coman libremente; el simple acto de comer los pacificará bastante. No lleve pastelillos, ya que es común que la azúcar (y la cafeína que contienen algunos de estos productos comerciales empacados), proporcione una buena cantidad de energía directa que convierte al automóvil en una olla de presión. Y al eliminar de entre los bocadillos todo lo que contiene azúcar refinada (como los refrescos) es probable que los nenes no quieran ir al baño con tanta frecuencia. ¿Qué tal, eh? Matamos dos pájaros de un tiro.

Dentro de la misma caja, puede poner una bolsita llena de libros, cuadernos para iluminar, crayones de colores y otros "juguetes de viaje". Conserve el inventario en el asiento delantero y funcione como "jefe de bodega". Cuando perciba que alguno de los niños comienza a fastidiarse con un juguete, cámbielo por otro.

Puede jugar con los niños a las palabras, y hasta el conductor puede participar. Juegos de rimado (¿Qué palabra hace verso con "gato"?), de adivinanza (Veo algo verde que tiene púas filosas en las puntas. ¿Qué es?) y de nombres (Soy un animal amarillo, de cuello muy largo que come hojas de los arbustos. . . ¿Quién soy?) son solamente algunas de las muchas ideas que ayudan a conservar el buen ánimo de todos los pasajeros.

Pare con regularidad para que todos puedan estirar las piernas e ir al baño. Viajar cuatro o seis horas de un tirón llevando niños puede convertirse en una bomba de tiempo. A nosotros nos ha funcionado muy bien viajar de noche y hemos logrado tramos hasta de doce horas sin acabar convertidos en unos idiotas babeantes al llegar a nuestro destino.

También en el viaje se puede manejar el concepto de los "boletos" mediante unos rectángulos de cartoncillo de colores. Antes de subir al coche, explique a los pequeños cuáles son las reglas que gobernarán su conducta durante el viaje. Algunas sugerencias: 1) No quitarse los cinturones de seguridad. 2) No pelear o discutir acaloradamente. 3) No se vale gritarse unos a otros ni chillar como borregos desollados. 4) Prohibido aventarse cosas.

Recuerde a los peques que, a la llegada, les espera algo especial (nadar, estar en la playa, ver a sus primos, etc.). Y ahí viene lo tosco del asunto:

—Les voy a dar cuatro boletos, sin que importe quien de

ustedes comenzó en caso de que se peleen. Cuando lleguemos a la playa, deberán tener por lo menos un boleto para que los deje nadar. Si no tienen boleto, se quedarán sentados en la playa por treinta minutos.

¡Les juro que funciona! Hay que pensar muy bien en el castigo... es suficiente prometer que se retrasará la actividad favorita durante un lapso breve. Las vacaciones no son para sufrir. Además, si uno sufre, sufren todos. La cantidad de boletos puede variar de acuerdo a la duración del viaje.

Disfrute sus vacaciones. Sus niños y ustedes estarán fascinados.

El (o la) "payasito" del grupo

(P) *Mi hijo tiene cuatro años. Jamás fue perfecto y no aspiro a que lo sea, pero ha sido fácil educarlo. A veces se porta mal, pero mi esposo y yo hacemos respetar las reglas y jamás perdemos el control.*

Yo no trabajo, pero lo inscribimos en un centro de atención diurna para que conviva con otros niños... y ahí se dedica a hacerle la vida de cuadritos a sus educadoras. Cada vez que voy por él, su maestra tiene una queja diferente. Todas se refieren a pequeñeces, pero como son diarias, la maestra se altera. Por ejemplo, ayer se bajó los pantalones en el patio y le enseñó las pompas a la concurrencia. Antier le sacó la lengua a la maestra y se carcajeó mientras ella lo correteaba por todo el salón.

No comprendo por qué en casa se porta tan diferente. ¿Se está rebelando para estar más tiempo conmigo? ¿No recibe atención suficiente en la familia? ¿Podría decirme qué hacer?

(R) Estén donde estén, le aseguro que los niños se las arreglan de alguna manera para obtener la cantidad de atención que necesitan. Algo de esa atención es positiva (alabanza, interés, entusiasmo y aliento), y otra es negativa (reprimendas, críticas o castigos). Los chicos requieren más contacto positivo que negativo, pero se esfuerzan por obtenerlo del tipo que sea.

Me parece usted una madre muy sensible a las necesidades de su hijo. Lo inscribe en un centro de atención diurna para que esté en contacto con otros niños, lo hace respetar las reglas, etc. Estoy seguro de que obtiene más contacto positivo que negativo tanto de usted como de su esposo.

No obstante, hay ocasiones en que resulta *más divertido* esforzarse por obtener contacto negativo. Por ejemplo, ¿a usted no le gustaría dejar caer los pantalones y oír como todo mundo grita y aúlla escandalizado? ¿Y no se divertiría si la maestra, a punto histérico, le correteara alrededor del salón de clases? Quizás sea usted un adulto muy formal, pero aquí en confianza, ¿no le divertiría hacerlo si nadie supiera quien es? Su hijo no hace nada malo ni lastima a nadie, pero se divierte espantosamente haciendo lo que los otros niños no se atreven a hacer.

Si gusta, podemos llamarlo Síndrome del Payasito del Grupo. Una vez que se atrapa ese síndrome, es casi imposible de curar. Yo dudo que sea conveniente curarlo. El payasito de la clase tiene la bendición de un irreprimible sentido del humor, una enorme percepción de lo absurdo y una imaginación que desafía los convencionalismos.

Todo lo anterior, nos da un niño feliz y extremadamente creativo. Y si al niño creativo no se le proporciona la oportunidad de aplicar su talento en forma constructiva, lo aplicará como pueda. ¿Qué puede ser más emocionante y creativo que arrastrar a un adulto a nuestro propio juego infantil y, además, vencerlo? El problema es que muchos adultos no toleran que los derrote un niño.

La conducta de su hijo puede ser indicativa de que está con niños de una edad inconveniente. Quizás se acomodaría mejor con niños de cinco años. O tal vez el programa del centro educacional sea demasiado estructurado para él. Los niños muy creativos, generalmente requieren de menos estructura y de más oportunidades abiertas para explorar, descubrir y experimentar con su medio ambiente. Tal vez un programa diferente fuera mejor.

Y, entrando en razón fría, debemos considerar que bajarse los pantalones y enseñar la lengua a los adultos es divertido y atrae la atención de todos; pero no es un comportamiento deseable (socialmente hablando).

Desde luego, puede pensar en otras posibilidades, como clases de natación, de arte o de gimnasia.

La verdad es que la maestra bien podría hacer caso omiso de su comportamiento, pero eso no lo cambiaría. No hay modo de que un grupo de chiquillos de cuatro años evite revolcarse de risa y chillar de gozo cuando alguien deja caer sus pantalones. Lo inteligente sería que la maestra comprenda que el niño necesita más y mejores estímulos y que ella debe proporcionarlos antes que él mismo los busque. Si la maestra no puede ofrecerle la oportunidad de que obtenga contactos positivos, debe tomarse en serio la posibilidad de que cambie de programa y de actividades.

El loco maratón matutino

(P) *Le escribo en un estado de absoluta desesperación. A primera vista, mi problema puede parecerle insignificante, pero me está volviendo loca. Tanto mi esposo como yo trabajamos, y debemos salir de casa a las 7:45 de la mañana. De camino al trabajo, dejo a mi hijo Jamie (tiene cuatro años y medio) en la guardería. El problema es que todas las mañanas, Jamie juega y se entretiene, nos hace tortuguismo y todo lo que se le ocurre... excepto vestirse.*

Yo le doy su ropa a las 6:30 de la mañana... y a esa hora comienza la guerra. Comienzo diciéndole amorosamente que se vista, pero acabo gritándole y casi siempre, poniéndole las prendas de vestir que le faltan. El sabe vestirse, y lo único que aún no aprende es a atarse las agujetas. Todos acabamos furiosos y el día se inicia en una forma muy desdichada. El problema no es que Jamie aún tenga sueño. Se acuesta a las 8:30 (no se resiste a hacerlo) y después de leerle un cuento (lo cual le fascina) se duerme y despierta fresco y alerta por la mañana. Simplemente encuentra toda clase de excusas para no vestirse...

(R) Amiga, no se preocupe por apartar lugar en el manicomio más cercano a su corazón. Sus problemas están a punto de terminar. Es indiscutible que Jamie es muy listo y se da cuenta de que papá y mamá tienen prisa y están ocupados... situación ideal para obtener la atención general por el simple método de no cooperar. ¿Pues cuál es la prisa? ¿Quién gusta de apurarse para no ver a papá y a mamá en todo el día?

Hace usted dos observaciones muy importantes. Primera, Jamie es capaz de vestirse por sí mismo. Segunda, a Jamie le gusta que le lean un cuento antes de dormir. Si compra usted un marcador de tiempo de los que se usan en las cocinas, tendremos los ingredientes listos para nuestra receta.

Con el marcador de tiempo en la mano, mamá y papá se sientan con Jamie:

—Ya no te vamos a regañar para que te vistas en la mañana. En vez de eso, vamos a jugar a algo que se llama Ponte la Ropa. Es así: Cuando despiertes, te pondremos tu ropa sobre la cómoda y el marcador de tiempo para que suene en quince minutos. Comenzará a hacer tic-tac como un reloj y luego sonará una campanita (demostrarlo). Si para cuando suene la campana ya te acabaste de vestir, habrás ganado el juego, y el premio será elegir qué historia quieres que te lea en la noche.

—Si para cuando suene la campanita no has terminado de vestirte, te vestirán papá y mamá. Pero como no ganaste el juego, no habrá cuento en la noche.

Hágalo tal cual. Si Jamie gana, aliéntenlo y felicítenlo diciéndole que se vistió de maravilla. Si no gana, vístanlo ustedes. Si protesta por eso, díganle que así son las reglas del juego y que desean que la mañana siguiente sí gane. Les garantizo que, al ver que le suspenden la historia nocturna y que no logra sacarlos de sus casillas comenzará a ganar el juego todas las mañanas.

Puede irse acortando el lapso que se le da para vestirse hasta alcanzar el tiempo ideal. Para darle otro incentivo al pequeño, pegue en el refrigerador una cartulina donde puede ir pegando una estrellita cada vez que Jamie "gane" el juego.

Un buen remedio para los desordenados

(P) *Mi hijo de siete años, es el rey del desorden. Jamás deja las cosas en su lugar. No cuelga su ropa, su bicicleta aterriza a la mitad de la cochera, deja la ropa sucia donde se la quita, aterriza sus libros en el sofá de la sala cuando llega de la escuela. . . ¿quiere que continúe? Esto es horrible. . . parece que me paso el día gritándole y no sirve de nada. ¡Ayúdeme a no quedarme calva de desesperación!*

(R) Gritonear es una trampa erizada por paradojas. Entre más se grita menos se logra. Un grito es algo amenazante y el volumen puede lograr por sí mismo que el niño obedezca, pero cuando pasa el impacto, generalmente la situación vuelve a la "normalidad". Gritar es un desperdicio de energía. Invierte usted una buena cantidad de su propio ser y no obtiene nada perdurable a cambio. Entre más grita, más energía consume.

Los gritos expresan frustración y reconocimiento de la propia impotencia. El grito transfiere el control del problema al niño, que estará encantado de convertirse en el centro de la tormenta, en el ojo del huracán, de tener en sus manos el don y el poder de sacar de quicio a los adultos de la familia.

Es indispensable y urgente que haga algo más constructivo que gritar: Tome una hoja de papel y, del lado izquierdo, haga una lista de los objetos que el nene deja fuera de lugar: bicicleta, suéter, zapatos, etc. Sea muy específica para que no haya lugar a confusiones ("¡Aquí solamente dice suéter! ¡No sabía que estaba incluido mi impermeable!").

A la derecha de la lista haga otra que especifique *exacta-*

mente el sitio donde pertenece cada artículo. Suéter: En un gancho dentro del clóset. Bicicleta: Recargada en la pared de la cochera. Ropa sucia: En el canasto del baño.

Busque el momento oportuno y tranquilo para sentarse con su hijo a revisar la lista de objetos y lugares a los que pertenecen: "Esto no ha funcionado bien. Por eso hice esta lista para establecer las reglas de dónde deben guardarse las cosas".

Pegue la lista en la puerta del refrigerador y, junto a ella, una tarjeta de anotaciones con siete casillas o divisiones, una por cada día de la semana.

—Durante los próximos siete días, vamos a llevar un registro de qué tan bien vas aprendiendo las reglas. Si dejas algo fuera de su lugar, te lo haré notar, dibujaré una marca en el día que corresponde y pondrás el objeto en su sitio. A cambio, te prometo no gritar.

A lo largo de la semana, vigile su obediencia a las nuevas reglas, pero no lo atosigue. Si no quiere poner la marca de desorden en el día correspondiente, póngala usted. Llame su atención *no sólo a las cosas que deja fuera de lugar, sino también a las que ha puesto en su sitio.* Al paso de los días, discuta con él su avance o su falta de progreso en términos optimistas y reales.

No le ofrezca recompensas a cambio de niveles determinados de desempeño. Si se siente terriblemente conmovida, dele una muestra especial de afecto. Podría suceder que en la primera semana no hubiera resultado importante o que no se lograra casi nada. En ese caso, puede pensarse que el niño no está preparado para dejar de luchar con usted. Si es así, prepárese para entablar una "negociación" a fin de semana.

Pegue una nueva hoja de papel en la puerta del refrigerador, con un enorme número 4 en la parte superior. Convoque a una segunda conferencia. Infórmele que estará encerrado en su habitación durante treinta minutos cada vez que obtenga cuatro marcas negativas, y que cualquier marca adicional, se traducirá en otros treinta minutos de encierro.

Y ahora: HAGA RESPETAR LAS REGLAS. En el fondo, esto es materia de confianza mutua: Usted confía en que el niño obedecerá las reglas, y él aprende a confiar en que usted las hará respetar.

Siguiendo este plan o cualquier variación de él, hará cambios significativos en el manejo de la situación. Definirá la naturaleza del problema en términos claros y significativos. Dará retroalimentación precisa a su respeto por las reglas. Finalmente, adoptará usted una posición de autoridad ante el problema permitiendo que su hijo la vea sostenerse suave pero enérgicamente, sin retroceder ni avanzar un solo milímetro.

Puede esperar que el niño ponga a prueba el sistema buscándole algún punto débil. Está en su derecho. Si usted se mantiene firme, tarde o temprano el niño aceptará que mamá ya no está dispuesta a participar en el juego de "dónde se ponen las cosas".

El terror de perros y gatos

(P) *Nuestro pequeño de año y medio tiene un deporte favorito: Jalar al gato de la cola o levantarlo por la piel del pescuezo. Ni los regaños ni los arañazos del gato sirven para que no lo haga. ¿Cómo podemos enseñarle que eso no debe hacerse?*

(R) A esa edad, su niño siente el impulso irrefrenable de tocar, sentir y apretar todo lo que está a su alcance. Cada apretón, cada dedazo es una forma de plantear la misma interrogante: "¿Qué eres y qué sabes hacer?".

Es conveniente que los padres arreglen la casa a prueba de niños para que el pequeño pueda interactuar libremente con todo lo que lo rodea. Poner la casa a prueba de niños también mejora la salud mental de los padres, que de otra manera luchan constantemente por tener al niño fuera de lugares peligrosos y lejos de objetos delicados.

Cuando hay un animalito que forma parte del mundo del

niño, hay que tomar una decisión cuerda respecto a cómo enfrentarse a la curiosidad del pequeño. Una forma para evitar la frustración y/o los daños físicos, es separarlos, aunque eso puede ser incompatible con el sitio que siempre haya ocupado la mascota en la familia.

Otra opción es sostener la mano del niño y enseñarle pacientemente cómo manejar al animalito, cómo acariciarlo, aunque no crea que obtendrá resultados mágicos. Se requiere mucha paciencia para enseñar a un chiquito de año y medio lo que es la sensibilidad, la cautela y la consideración.

También tenemos la alternativa de dejarlos interactuar libremente (lo cual casi siempre significa tan "libremente" como el perro o el gato lo permitan). La experiencia me indica que cuando la mascota se familiariza con el pequeño, y cuando la actitud del pequeño no es dañar al animalito, ambos se relacionan bien.

Cuando mi hijo Eric tenía dieciocho meses, teníamos un gato llamado Roy al que Eric le fastidiaba la existencia cada vez que se cruzaba en su camino. Al principio, nos preocupaba que Eric pudiera lastimar a Roy o que Roy dejara a Eric como trepadero de mapache. Siempre que Eric lograba atrapar a Roy, le pedíamos que lo tratara con suavidad y si lo veíamos excitado, se lo quitábamos. Poco tiempo después, nos dimos cuenta de que cada vez que Eric pescaba a Roy, el gato se ponía lacio y soportaba el asalto convertido en algo similar a un trapito húmedo. Cuando vimos la pericia con que Roy manejaba la situación, dejamos de prestarle atención al asunto.

¡Aleluya! Tan pronto como dejamos de tratar el asunto Eric-Roy como un problema, Eric dejó de perseguir al gato por toda la casa.

Por curiosidad, consulté el asunto en Emergencias del hospital. Se me informó que, a pesar de que reciben muchos niños lastimados, mordidos o arañados por animales, casi siempre se trata de niños mayorcitos atacados por animales de otras familias, no por los propios. Posteriormente, hablé con varios veterinarios. Era rarísimo recibir un animal (excepto si eran muy pequeñitos) lastimado por un niño que apenas comienza a caminar. Me indicaron que entre más pequeño es el animalito, es más probable que el nene lo lastime y que es indispensable tenerlos separados. También opinaron que es poco probable que la mascota de la familia se vuelva intencional y malignamente contra el niño; que hay rasguños accidentales pero de muy poca importancia.

Independientemente del animalito, los niños pequeños requieren vigilancia. Por el bien del animal, es conveniente separar al nene de los cachorrillos, y alejar a los pequeños de los animales que tengan antecedentes de mal carácter. Como todo, cada uno de los enfoques anteriores tiene sus inconvenientes. Si los padres deciden tomar el camino de la menor resistencia y dejar que la Madre Naturaleza haga su trabajo, es improbable que el niño o el animalito resulten lastimados. Tampoco es probable que el niño se vuelva cruel con los animales. Lo más importante para determinar la actitud futura del niño hacia los animales es *el ejemplo que reciba de sus padres.*

Pistolas y rifles de diábolos

(P) *Mi padre quiere regalarle a su nieto (mi hijo de ocho años) un rifle de diábolos. No me gusta la idea, pero el abuelo dice que Billy tiene la edad ideal para aprender a usar y a respetar un arma. ¿Qué opina?*

(R) Opino que las armas son mecanismos peligrosos que no tienen sitio alguno dentro de la vida de un niño. El rifle de diábolos puede lesionar seriamente a una persona y matar a un animal pequeño.

Yo pongo en tela de juicio el "valor" de enseñarle a un niño a respetar un arma. El respeto implica una actitud de reverencia y estima y no entiendo que un arma pueda tener semejante significado en el mundo infantil. Creo, además, que es imposible respetar a un arma, a no ser que se esté *confundiendo respeto con miedo.*

No importa *qué intenten* enseñarle al niño dándole lecciones con un arma. El resultado real se determinará más por la intención que por los medios y los objetos. *El miedo es el mensaje y el mensaje es muy peligroso.*

Los niños se excitan con facilidad, son impresionables e impulsivos, y demuestran una terrible ausencia de control de sí mismos y de visión del futuro y el peligro. Dios le da a cada pequeño padres para que puedan sostenerle las riendas.

Y dado que los padres sostenemos las riendas, los niños tienen poco control sobre su vida. *El desarrollo emocional, la maduración es un proceso de la tensión dinámica que se genera cuando el niño forcejea con las restricciones que le imponemos, y este conflicto es inevitablemente frustrante.*

Los niños traducen este conflicto y su frustración en juego y ensueños diurnos; *ambas actividades saturadas por el tema dominante del poder y el control.* Al soñar despierto, el niño puede sentir (sin peligro) que su fuerza y su autoridad se agigantan hasta alcanzar proporciones ilimitadas. Se convierte en su superhéroe favorito, y su necesidad de poder encuentra una expresión inofensiva en la alfombra mágica de la imaginación.

Introduzca un arma dentro del contexto anterior, y habrá usted agregado un ingrediente que puede hacer estallar la mezcla. El peligro adicional estriba en que *el pequeño no tardará en integrar el rifle o el arma a su juego como un símbolo tangible de poderío.* Avance un paso más, y se encontrará a un niño sosteniendo entre sus manitas un rifle de diábolos y a otro niño que acaba de perder un ojo.

Si quiere regalar a su hijo algo que le ayude a afinar su puntería y que le permita capturar animales y personas sin peligro. . . cómprele una cámara.

Los pegoncitos: dos puntos de vista

(P) *Mi hija de tres años ha comenzado a pegarme cuando enfurece, usualmente en los casos en que no le permito que haga* *lo que desea. He intentado hablar con ella y sugerirle alternativas para que descargue su frustración, pero no me escucha. Ya sé que está mal nalguear a una pequeña si se vuelve pegona. ¿Qué puedo hacer?*

(R) Tal como lo ha descubierto, un discurso filosófico y racional respecto a por qué no se debe pegar a mamita, no logra ningún cambio constructivo en su conducta. Por principio de cuentas, es demasiado pequeñita para entender las implicaciones de lo que usted dice. En segundo lugar, le está usted dando más importancia de la necesaria al problema. Entre más le hable, más pegará.

¿Qué debe saber la niña? Que no se le permite pegarle. ¿Cómo hacérselo entender? Fácil: No se lo permita.

Seguramente usted la conoce lo suficiente como para predecir en qué momento está a punto de pegarle. Cuando llegue el ataque, intercepte el golpe. Tómela con firmeza de las muñecas y anúnciele que, bajo ninguna circunstancia permitirá que le pegue.

En la mayoría de los casos, nalguear no es la respuesta más eficaz, pero yo *no la cancelaría por completo*. Puede usted llevarla de inmediato a su habitación y decirle que se quede ahí hasta que se tranquilice por completo. Si requiere algo más estructurado, póngale un marcador de tiempo para que se quede encerrada entre tres o cinco minutos.

Su autoridad está en juego. Consérvela.

(P) *¿Qué opina usted de enseñarle a los niños a que golpeen si alguien les pega? Nuestro hijo tiene cuatro años y vivimos en un vecindario donde hay muchos niños pequeños y los bofetones están de moda entre ellos. Mi hijo no es uno de los más agresivos, así que por lo regular, recibe muchos más golpes de los que él da. No sabemos qué aconsejarle.*

(R) Es indispensable que los niños se enteren de que devolver los golpes es uno de varios métodos para repeler la agresión física. Otros métodos son: rehusarse a pelear, huir, pedir auxilio a un adulto, buscar otros amigos y meterse a su casa.

Yo eduqué a mis hijos enseñándoles que están autorizados a pegar cuando otro niño les pega primero. He repasado con ellos los demás métodos y opciones, dejando claro que su decisión tiene que basarse en los detalles de la situación específica en que se encuentren. *Saben que aunque devolver los golpes no es la mejor alternativa, hay ocasiones en que hay que hacerlo porque es inevitable.*

¡Te lo apuesto!

(P) *Mi hijo tiene casi cuatro años y me está volviendo loca. No obedece lo que le mando hasta que me altero lo suficiente como para nalguearlo. ¡Y este es el niño a quien me prometí antes que naciera que jamás le pondría la mano encima! Cuando le pido que haga algo, me mira como diciendo "¡No juegues, madre!", y se da la media vuelta. ¡Me saca de quicio! En otras ocasiones, me suelta un "No" sereno y claro. ¿Cómo es posible que actúe así a sabiendas de que recibirá una buena nalguiza?*

(R) Lo que hace su niño es lo que todo hijo hace tarde o temprano: Desafiar su autoridad, exigir que se le explique: "¿Con qué derecho me mandas?".

Mientras no responda a su pregunta, el nene está en libertad de continuar luchando con usted por el poder.

Después de todo, nadie le dijo cuáles son las reglas antes de que naciera. El NO TIENE OBLIGACION DE INVESTIGARLAS: USTED DEBE DESCRIBIRSELAS. Si no se las establece con claridad, el niño queda libre de hacer *su propio juego y sus propias reglas*. Y así lo ha hecho: Su juego se llama "Te lo Apuesto".

En Te lo Apuesto, el padre inicia el juego pidiéndole al niño que haga cualquier cosa, por insignificante que sea. El niño hace su jugada negándose a cooperar. Entonces, el padre anuncia: "¡Lo harás!". El niño dice "¿Apuestas?", y ¡comienza el partido!

El juego no es divertido porque no hay triunfadores. Todos salen perdiendo. Pero cuando no hay nada más a qué jugar... se juega.

"¡Pero es que sabe que recibirá una buena nalguiza!" dice usted. ¿Y qué? ¿*Quién* paga *ese* precio? Usted.

El juego se repite una y otra vez porque jamás se ha resuelto. Y no se resolverá mientras siga esperando que *el niño cambie*. No dejará de invitarla a jugar "Te lo Apuesto" hasta que usted se niegue a aceptar la invitación. La verdad es que el niño no sabe *cómo* detener el juego.

Para iniciar el fin de "¡Te lo Apuesto!", *deje de pedirle a su hijo que coopere* y dele órdenes claras. Comience cada "petición" con la frase de: "Vas a..." y llene el espacio en blanco con una descripción clara y concisa de lo que hará el nene. Deje de pedir perdón silencioso por haberlo traído a un mundo imperfecto.

Le ofrezco dos enfoques para terminar con el jueguito de "¡Te lo Apuesto!". Elija el que le guste o utilícelos como un modelo para su propio encuadre:

Plan A: En vez de nalguearlo como *último* recurso, utilice las nalgadas como *primer* recurso. No tengo objeción hacia las nalgadas en sí, a condición de que se propinen eficientemente y para lograr algo. Hasta el momento, las de usted han sido síntoma de frustración y derrota. Utilice su mano como una expresión de autoridad y para acabar con el jueguito antes de que se inicie.

Dígale exactamente qué espera de él. Si manifiesta su rechazo, estire la mano, pésquelo con firmeza y dele una buena palmada en el trasero *(No anuncie con advertencias ni amenazas lo que va a hacer)*. Luego, enfréntese a él y repita la orden. ¿Recuerda la película de *El Padrino*, cuando Marlon Brando daba una orden que no se podía rehusar, empleando un tono de voz muy suave? Uselo con el niño. Si como es probable las primeras veces, se sigue negando a obedecer, castíguelo sentándolo en una sillita hasta que se muestre listo a cumplir la orden. Mientras tanto, ocúpese en otra cosa y no le preste atención.

Si lo anterior le parece siniestro, pruebe con el Plan B: Compre un marcador de tiempo como el de los hornos. Siéntese con *junior* y dígale: "Ayer (para los *juniors* de esa edad, todo pasó «ayer»), cuando te di una orden, me dijiste «¡No!»; me enojé y te di unas nalgadas. Eso no me gusta. Si hoy vuelves a decirme que no, te encerraré cinco minutos en tu cuarto. Cuando suene la campanita del marcador de tiempo, podrás salir para cumplir la orden que te haya dado. ¿Entendiste?".

El nene hará un movimiento afirmativo con su cabecita, lo cual significa que NO ENTENDIO, pero que sabe afirmar con un movimiento.

Le acaba usted de informar que hay cambio de juego. Ahora, usted tiene que demostrarle de qué está hablando.

La próxima jugada es suya.

El primogénito que exige atención

(P) *Tenemos una hija de cuatro años y medio y un niño de dieciocho meses. Nuestro problema estriba en que la gente (abuelos, vecinos y amistades) dirigen toda su atención al pequeño ignorando por completo a nuestra hija mayor. Cuando llega alguien de visita, mi hija comienza a "actuar", interrumpiendo la plática y portándose de manera de llamar la atención lo más posible. ¿Cómo puedo lograr que la gente entienda que también ella requiere atención?*

(R) Lamento comunicarle que la situación de su hija no me conmueve. El verdadero problema es su mal comportamiento cuando usted tiene invitados en casa.

Este problema involucra a otras personas en el aspecto de que se han convertido *en el público de su hija y en la disculpa de usted* por no tener la energía suficiente para controlarla. Sin querer, usted le ha dado permiso para portarse mal cuando hay visitas y ella ha aprovechado la oportunidad para obtener toda la atención posible.

Estoy seguro de que la niña *recibiría más atención* si su comportamiento fuera el adecuado para su edad y para la situación. *Es probable que "la ignoren" a consecuencia de cómo actúa, y no porque sus visitas sean personas insensibles.*

Todo primogénito se enfrenta con una desilusión cuando los reflectores se enfocan sobre el nuevo nene. Los bebés atraen la atención de todo mundo. Eso es un hecho de la vida con el que tiene que enfrentarse su hija. . . pero no se ajustará a su posición ligeramente disminuida a menos que usted ceda en su intento por protegerla de tener un hermanito menor.

Hable con ella y dígale que comprende lo difícil que es compartirlo todo, incluyendo la atención de las personas. Señale que tiene que aprender a compartir y que usted le ayudará con todo su amor.

Haga una lista de las "monerías" públicas de la niña (marometas, imitaciones de actores, etc.) y dígale que ya no está dispuesta a permitir esa conducta manifestándole exactamente *qué espera de ella y cómo debe comportarse.*

Cuando la nena decida volver a dirigir el *show* ante sus invitados, mándela a su habitación por cinco minutos. Y no deje de darle un abrazo y un beso cuando logre comportarse adecuadamente ante las visitas.

Es cierto que el mundo es un escenario, pero su hija es demasiado pequeña como para desempeñar el papel principal.

El niño chismoso

—¡Señora Brick! ¡Elmo le acaba de decir una palabra fea a Angela y ella no le había hecho nada! Eso es muy feo. . . ¿Le va a pegar? ¿Lo va a castigar?

Cuando los niños se pelean, es común que consideren que la solución más sencilla es apelar al adulto más cercano con objeto de que les resuelva la bronca. Y puesto que es lo más sencillo, le ahorra al niño el esfuerzo y el razonamiento. Por lo tanto, hay muchos casos en que al responder a un chisme, alentamos al pequeño a que no se moleste en pensar o en resolver problemas que pueda solucionar por sí mismo.

Chismosear es absurdo y destructivo. No sólo es frecuente que resulte injusto para el niño acusado, sino que también es nocivo para el niño que suelta la acusación. Suele suceder que el nene chismoso es el más rechazado por sus hermanitos, aborrecido por sus compañeros y poco simpático entre los adultos.

Somos los adultos quienes, sin quererlo, originamos el problema, y la víctima desdichada es "el chismoso" que sufrirá el problema de que sus compañeros lo rechacen y le muestren desconfianza.

Es conveniente desalentar el chismoseo. Cuando su pequeño se le acerque queriendo jugar al "informador" o llevándole una penosa historia de desdicha tipo telenovela, hágale un favor diciéndole: "Lamento lo sucedido entre tu amigo y tú, pero no puedo ayudarte porque me parece que se trata de algo que pueden resolver pacíficamente entre los dos.

Pero si su nene ya adquirió la costumbre, manifieste claramente sus sentimientos: "Ya vienes con otro chisme. Ya habíamos hablado de eso y sabes perfectamente bien que *yo* no voy a arreglar *tus* problemas. Tienes que resolverlos solo".

No cometa el error de decirle "Me chocan los chismes" y salir corriendo rumbo al campo de batalla aunque "le choquen los chismes". *Los niños aprenden más de lo que hacemos que de lo que decimos.*

Si el problema es frecuente en cierto grupo de niños, hable con el grupo sobre el chismoseo y sobre los métodos adecuados para resolver los problemas. Ayúdeles a distinguir entre lo que es indispensable que le informen (golpes, caídas, etc.) y lo que deben resolver por sí mismos. No es sencillo, pero es redituable.

Chismosear es la punta de una hebra muy larga, que si no

se corta de tajo al principio se prolonga más y más, convirtiéndose en una carga para el niño que la lleva consigo.

Malas palabras

"Malas palabras". Todos sabemos cuales son. Y peor aún: Todos sabemos *lo que quieren decir*. ¡Términos horribles, no pronunciables! Los adultos no las usamos. . . no mucho, excepto al pronunciarlas "adecuadamente" y por razones justificadas tales como "Se me pasaron las copas" o "Perdí los estribos".

Dentro de la vida de los niños, hay tres etapas de desarrollo de las "malas palabras". La primera se inicia cuando el pequeño las escucha. Las "malas palabras" atraen más atención que las "buenas". Las malas palabras sobresalen por el énfasis y el tono en que se pronuncian, así como por el volumen más alto que se emplea al emitirlas.

Tomemos la frase "¡Ca. . .mión infeliz!". Dígala en voz alta, sustituyendo el término "camión" por su "mala" palabra preferida. ¿Se da cuenta? Cualquier pequeño que escuche el término por primera vez, recordará eso del "camión". El mismo niño observará que, si la palabra "camión" se adjudica a una persona que se encuentre presente, ésta se pone morada y comienza a actuar de manera extraña. Lo más obvio para el nene que contempla una escena así es el poder de esa palabra y la atención que obtiene. Fin de la Etapa Uno.

Etapa Dos: El niño corre hasta donde están jugando sus amiguitos y grita: —Oye Timmy, ¿sabes qué. . . ? ¡Eres un camión!

Timmy, quizás fascinado por el término, corre a buscar a su madre —¡Mami, fíjate que Mat me dijo camión!

La mamá de Timmy llama a la mamá de Mat, la mamá de Mat acude al papá de Mat, y el papá de Mat le deja las pompas al nene como arco iris. El pobre de Mat ni siquiera sabe qué significa "camión".

Esa es una posibilidad. Otra es que Mat se guarde su

nueva palabra para estrenarla en el kinder. En ese momento, todo el mundo se entera del asunto.

Como quiera que sea, cada vez que la pronuncia, la gente se encarga de demostrarle a Mat qué significativa e importante es su palabra nueva.

La Tercera Etapa se establece cuando el pequeño Mat prueba el valor de *shock* de su nuevo vocabulario en varias personas y descubre qué gama tan amplia de reacciones obtiene: Si se la dedica a Jeff, su amigo, llora; Sally huye despavorida; su abuela palidece y se abanica ferozmente; Billy lo desafía amenazándolo con una trompada en la nariz; el hermano mayor de Billy se revuelca de risa y la maestra sermonea sin respirar hasta que se pone moradita. ¡Cuánto se divierte Mat obteniendo reacciones y actuaciones tan novedosas gracias al uso de una palabra mágica que realmente no significa nada!

Años más tarde, se presenta una Cuarta Etapa, cuando Mat descubre que la palabreja tiene una definición. En ese instante, comienza a usarla "adecuadamente", sólo cuando está furioso o pasado de copas. ¡Qué curiosa es la vida!, ¿verdad?

No puede hacerse nada para impedir que se presenten las dos primeras etapas. Todos los niños del mundo escuchan estas palabras tarde o temprano. Y todos los niños las usan a la brevedad contra alguien o con alguien.

Tratar de evitarlo fabrica un problema donde no lo había. Yo lo llamo *El Principio de la Lente de Aumento*. Mat dice una mala palabra, y los adultos que lo escuchan proceden a tambalearse al borde de la histeria. Las reacciones exageradas tienen el mismo efecto sobre Mat que una lente de aumento sobre el ala de una mariposa.

El vocabulario inconveniente de Mat despierta mucha atención. Al aislarla y actuar como si el haber pronunciado una mala palabra fuera el aspecto más importante de la conducta del niño, Mat confirma su presentimiento de que esas palabras son muy poderosas. Olvidemos lo que Mat haya logrado de bueno en el día y lo que aprendió en la escuela. . .

dijo una mala palabra y eso es más importante que todo lo demás, ¿no es cierto?

Cuando aislamos y reaccionamos exageradamente ante cualquier tipo de conducta, es como si sostuviéramos sobre el acto una lente de aumento invisible: Se provoca que la conducta se agigante y sea más notoria.

Si no quieren que Mat use malas palabras, comiencen por no usarlas ustedes, ni siquiera "adecuadamente". Lo que hagan tendrá más influencia que lo que digan, en especial si el "hacer" y el "decir" no le coinciden al nene.

Cuando Mat suelte un ajo (y lo soltará) muestren serenidad. Puede comentarse algo como lo siguiente: —Oye, Mat, yo sé que algunas personas usan palabras como esa, pero en esta familia no se dicen y por lo tanto tú no las dirás—. Eso le hará una impresión más positiva que, por ejemplo, ponerle los dientes de collar o las pompas como arco iris.

Cuando perdemos la compostura por los pequeños actos inconvenientes de los pequeños, decoramos el escenario para que se repita la función. Y una vez que el escenario está listo, los niños se aplican a desempeñar el papel que los padres les asignamos.

Los mentirositos

¿Por qué será que los padres les hacemos preguntas a los niños de las cuales ya conocemos las respuestas?

Por ejemplo: Un día, mamá descubre que le faltan veinte mil pesos de su monedero. Poco después, descubre una navaja de bolsillo nuevecita y fina sobre la cómoda de su hijo de doce años. Revisa las bolsas del pantalón sucio del chico y encuentra: una nota de una casa de artículos deportivos por quince mil novecientos pesos y tres mil pesos en cambio. Llama a su chico: —¿De dónde sacaste dinero para comprar esta navaja?

—Me la encontré.

Las situaciones de ese tipo plantean una interrogante

muy curiosa: ¿Quién oculta la verdad? ¿El niño que no confiesa haber tomado veinte mil pesos del monedero de su madre? ¿O la madre que no admite saber de dónde tomó el dinero su hijo?

En cualquier caso, el juego es el mismo. Primero, el niño viola una regla. La madre descubre varias pistas que lo acusan. Se enfrenta a su hijo y le *da una oportunidad para mentir* planteando cualquier variación del tema: "¿Tú lo hiciste?". El niño coopera negando tener conocimiento alguno del horrible crimen. La investigación (y la persecución) está en marcha y la madre es la Gran Inquisidora.

Hay un dicho antiguo que establece: "No me hagas preguntas y no te contaré mentiras". Seguramente, su autor intelectual tenía hijos.

La pregunta de "¿Tú lo hiciste?" invita a la mentira, y la mentira le sirve al niño de dos formas:

Primera: Es una diversión. Usted comienza con un punto relativamente claro (el niño violó una regla) que sólo requiere una consideración: "¿Qué vamos a hacer al respecto?". Pero al plantear interrogantes, usted permite que el niño fabrique un segundo punto: ¿Dónde está la verdad? Ahora, la encontramos a usted haciendo malabarismos con dos puntos y dos consideraciones: ¿A cuál se responde primero? ¿A la regla violada o a la cacería de la verdad? La mayoría de los padres reacciona de inmediato a la mentira, de manera que el *punto real, el problema verdadero* (la regla violada) se desvanece en un segundo plano donde puede llegar a desaparecer por completo.

Segunda: Se establece un juego de escondite donde el niño controla lo que se oculta: La verdad. Los padres no pueden participar en este juego sin perder autoridad ante el niño, ya que es él quien define cuánto tiempo dura el juego y cómo se juega.

Otro aliciente para mentir es que las probabilidades son buenas. Si a usted le plantean veinte preguntas y usted ofrece veinte mentiras, las probabilidades son excelentes de que por lo menos una de las mentiras pase desapercibida. Y dado que la emoción de escapar impune es adictiva, el niño sigue mintiendo. Gracias a la práctica, se vuelve habilísimo para mentir y comienza a mejorar su porcentaje de probabilidades.

Así que al plantearle al niño una pregunta de la cual usted ya sabe la respuesta, *no le da oportunidad de decir la verdad*. Le está enseñando a mentir. Qué desagradable consideración, ¿verdad?

Los niños que se vuelven embusteros suelen carecer del sentimiento de que logran alcanzar metas. Mentir llena ese vacío, se convierte en un juego en el que pueden sobresalir, en algo de lo que se sienten orgullosos.

Los padres no deben tener problema en contender con una mentira ocasional. Pero cuando el pequeño miente por costumbre, es necesario enfocar cada cuestión como si el niño fuera culpable hasta que demuestre su inocencia. *Jamás le conceda el beneficio de la duda* y, simultáneamente, dirija su necesidad de alcanzar logros y metas hacia una orientación más constructiva.

Independientemente de que el niño esté acostumbrado o no a mentir en forma constante, la menor forma de evitar la mentira es diciendo de inmediato la verdad sobre lo que usted ya descubrió. Declare los hechos en vez de andarle haciendo al detective privado.

La madre cuyo caso mencionamos, podría haberle dicho a su hijo: "Me faltan veinte mil pesos de mi bolso. Encontré una navaja de bolsillo nueva sobre tu cómoda y tres mil pesos en la bolsa de tu pantalón. La navaja de bolsillo me pertenece, los tres mil pesos son míos y todo tu tiempo libre de la semana próxima, también".

El niño que miente, esconde algo más que la verdad: Se esconde a sí mismo. Si se le permite que desempeñe este papel por mucho tiempo, puede llegar el día en que olvide dónde escondió a su verdadero "Yo".

¿Padres o réferis?

La intensidad de la tormenta aumentaba en la planta alta y yo continuaba leyendo el periódico. Se inició como un fragor creciente de voces con un contrapunto rugiente de "¡LARGATE DE AQUI!". Después se escuchó un chillido penetrante. En el hogar de los Rosemond se desarrollaba un nuevo drama de página roja.

—¡Papá!—. Era Eric, mi hijo de doce años, que berreaba desde la parte superior de la escalera. Seguí leyendo el diario.

—¡¡PAPAAA!!

—¿Eric?—. El sonido de su nombre lo trae rugiendo escaleras abajo, convertido en una avalancha humana de indignación.

—¡Papi, Wayne y yo queremos jugar en mi cuarto y Amy no nos deja en paz!

—¿Sí?

—¡Papá! ¡Se mete en todo y no nos deja jugar!

—Parece una situación complicada. . .

—¿No puedes decirle que se vaya de mi cuarto?

—No

—¿Por qué no?

—Ya lo sabes, pero si quieres te lo repito (suspiro profundo). —No soy su réferi. Ustedes tienen la capacidad para resolver estas cosas sin mi ayuda.

—De acuerdo. ¿Puedo sacarla a rastras y encerrarme con llave?

—Ya conoces las reglas de la casa con respecto a los pleitos. . . nadie debe resultar lastimado. Y que Wayne se mantenga al margen.

—No la voy a lastimar. ¿Puedo encerrarme con llave?

—Yo no te voy a decir lo que debes hacer.

—Está bien. Se lo voy a decir otra vez, por última vez: Luego, la echaré fuera y cerraré la puerta con llave.

—Recuerda la regla.

Media vuelta dramática, mutis airoso y escenario desierto. Unos momentos más tarde, escucho el sonido inconfundible del arrastrar de un cuerpo, punteado por patadas, y depositado en el pasillo de la planta alta. *¡Slam!* Puños pequeños que golpean una puerta cerrada. . . ¡ABREME! ¡TE ODIO! ¡ERES EL PEOR HERMANO DEL MUNDO! Después, vuela escaleras abajo y aparece en escena la Unica, la Fantástica, la Primerísima Actriz: ¡Amy Chillidos!: —¡¡Papá!!

—Sí, mi amor.

—¡Eric me echó de su cuarto —(aquí vienen las lágrimas de cocodrilo)— ¡Y CERRO LA PUERTA CON LLAVE!

—¿De verdad?

Es el mismo mensaje que les he transmitido durante muchos años: "Papá no fungirá como réferi en sus discusiones ni juzgará quién tiene "razón" y quién está "mal". A pesar de mi negativa a intervenir, ocasionalmente me siguen invitando.

No entendí el significado de la frase de "Se necesitan dos para bailar el tango" hasta que Eric y Amy comenzaron a "bailar" como pareja. La verdad es que este "tango" es consecuencia inevitable de tener más de un niño en la familia.

Se requiere que pase la mayor parte de la infancia en el proceso de que los niños aprendan a entenderse y relacionarse bien. Aunque en ocasiones necesitan un *coach*, en general conviene que los adultos se queden a una distancia respetable de la pista de baile. Se necesitan dos para bailar el tango y tres para armar un circo.

Los niños poseen un talento especial para convertir lo que pudo haber sido un simple ejercicio de aprendizaje sobre cómo vivir juntos armoniosamente, en un melodrama poblado por personajes extraídos directamente de la telecomedia más exitosa del año.

Algunas veces, el pequeño en cuestión adopta el papel del villano. Otro de ellos es la víctima. . . oprimida, calumniada, despojada y segura de obtener una intensa comprensión y apoyo. Generalmente, los adultos somos una mezcla del Santo Papa y Henry Kissinger en el reparto de la telenovela. Yo me esfuerzo mucho porque no se me adjudique ese papel. Pero mis hijos me lo siguen ofreciendo con singular entusiasmo porque, para ellos, cada vez que se embarcan en un pleito, lo trivial se convierte en grandioso y da comienzo un nuevo melodrama. Es la hermosa alquimia de la infancia.

Supongo que transformar a la gente real y común en estereotipos bidimensionales (trátese de villanos o víctimas), logra que sus conflictos parezcan menos personales, menos amenazantes y, por ende, menos perdurables. Seguramente eso tiene relación con la cualidad que tienen los niños para perdonar y olvidar tan fácilmente. . . a diferencia de cuando los adultos intervenimos en pleitos de niños y entonces sí, adultos contra adultos, acabamos organizando una batalla campal que se traduce en rencores eternos.

Pues sí, la clave de crecer y madurar comprende aprender a que los conflictos se conserven a nivel personal, conservando la virtud de perdonar y de aprender más que de olvidar.

Me mantengo al margen de sus conflictos porque confío en que mis hijos resolverán el problema por sí mismos. Permanezco al margen porque *cualquier* solución construida *por ellos* será mil veces más valiosa y perdurable que la que *yo* les imponga. Permanezco alejado porque no quiero que crezcan dentro de un melodrama. Sigo al margen porque *deseo que sobrepasen sus estereotipos, no que los integren a su personalidad.*

Y mientras acaban de crecer, permanezco sentado, leyendo el periódico y esperando El Ultimo Tango.

¡Santo Dios! Gemelos!

Si disfruta la bendición de tener hijos gemelos, me permito ofrecerle algunas recomendaciones. . . más "no haga" que "haga".

Por principio de cuentas, por favor no les cuelgue nombres rimados como Ana y Juana. Será todo lo mono que usted quiera y quizás la familia espere que lo haga, pero contribuirá a problemas posteriores.

Los gemelos idénticos tienen tanto derecho como cualquiera a separar sus identidades. Los nombres como Fred y Ted oscurecen el hecho de que, aunque compartan características físicas idénticas, son personas fundamentalmente distintas.

Los nombres rimados también crean confusiones. Los niños pequeños tienen dificultad en distinguir sonidos similares. Cuando usted le pide al dos añero "espera un rato", él puede acercarse a acariciar al gato. Parece chistoso, pero para los gemelos idénticos no es conveniente sentirse inseguros de cuál es su nombre o de a quién de ellos llama mamá.

Jamás los vista con ropa idéntica, ni siquiera para una foto familiar. Obtendrá más por su dinero comprando dos ajuares distintos e intercambiables que dos trajecitos iguales. Cuando la ropa es intercambiable, cada pequeño tiene dos juegos, y hasta cuatro si se trata de blusa y falda o camisa y pantalón.

Y no sólo es poco práctico vestirlos como uniformados: es fuente de confusiones para los gemelos y para otras personas. La ropa idéntica alienta la idea de que son una misma persona en dos cuerpos separados.

No les compre regalos idénticos para ocasiones especiales. Hacerlo podría parecer justo e imparcial, pero creará problemas diversos y no resuelve nada. Los juguetes idénticos, como la ropa idéntica y los nombres rimados, crean conflictos y confusiones. Probablemente usted sepa "cuál es de quien", pero ellos no. Además, eso es una extensión de la idea enfermiza de "ustedes dos son la misma persona".

Comprar juguetes idénticos no impedirá los pleitos. Haga usted lo que haga, *todos los niños* se pelean por los juguetes hasta que crecen lo suficiente como para entender el valor de compartir. Y eso no sucede hasta después de los cuatro años de edad. Y aprenderán el arte de compartir mucho antes si cada uno de los gemelos tiene su equipo único y exclusivo de posesiones. De otra manera, ¿qué hay para compartir si todo es igual?

Hace un par de años, vinieron a consultarme los padres de dos gemelitas de nueve años. Las dos niñas tenían nombres rimados, usaban ropa idéntica y sus juguetes eran iguales. Para esa fecha, Sherry había desarrollado una personalidad abierta y expresiva, mientras que Cherry se mostraba silenciosa, tímida y dependiendo de que su hermana hiciera las cosas por ella. Convencí a los padres de que se refirieran a Cherry por su segundo nombre, de que se encargaran de que las niñas jamás anduvieran vestidas idénticas y de que no les compraran objetos iguales.

Varias semanas después, los padres regresaron encantados comentando que habían sido testigos de una transformación increíble en Cherry, a la que ahora llamaban "Lynn". Ahora se portaba tan independiente y desenvuelta como su hermana. Poco después de haberse iniciado el cambio de actitud de los padres, llevaron a las gemelas a una reunión familiar. De inmediato, Lynn corrió a abrazar a su tía favorita y le dijo: —¡Mírame, tía! ¡Soy una niña nueva!

Si tiene hijos gemelos, aliéntelos para que desarrollen una identidad real e independiente. Aprecie y fomente su individualidad. Convertirlos en copias al carbón, sembrará las semillas de la rivalidad, el resentimiento o la dependencia.

Hogares divididos

(P) *Mi esposo y yo nos separamos hace tres meses en circunstancias muy amargas. Desde entonces, nuestra hija de cinco años se ha vuelto llorona y muestra un caso agudo de "mamitis". Si hay alguna persona extraña, insiste en sentarse en mis piernas y a toda hora me sigue de habitación en habitación sin perderme de vista. Si le digo que se siente en una silla y no en mis piernas, o que deje de seguirme, estalla en llanto. Ya no es la misma niña alegre y desenvuelta* *de antes. Ha comenzado a comer de más y a subir exageradamente de peso. Sus preguntas plantean otro dilema: Por ejemplo, casi todos los días quiere saber si volverá su padre. Mi mamá piensa que debería dársele alguna esperanza diciéndole algo así como tal vez, o realmente no sé. La verdad es que yo no regresaría con mi marido aunque me arrastrara un batallón completo de granaderos, pero creo que decirle a mi hija Angie la verdad absoluta empeoraría la situación. . . Por favor, ayúdenos.*

(R) Después de una separación brusca, es común que los niños pequeños se aferren desesperadamente al padre que permanece a su lado. Los preescolares son más apegados y más dependientes de su mamá, pero también sienten dependencia hacia sus padres.

La presencia segura y constante de su esposo dentro de la familia, era esencial para el sentido de seguridad de su hija. . . para su imagen de la familia como unidad constante, invariable. La partida súbita e incomprensible de su padre, vino a alterar la imagen, dejándola expuesta a un nivel de inestabilidad amenazante y, a veces, intolerable. Para disminuir su ansiedad, se apega a usted, como al miembro de su familia que permaneció.

Comprendo que esta es una época en la que usted misma se siente tremendamente vulnerable. Su propio sentido de estabilidad y de ser una persona adecuada se ven amenazados, y sus recursos emocionales están cerca del límite. Puede serle muy difícil responder a la necesidad intensa y agobiante de su hija que busca recuperar la seguridad.

Entre más ansioso se muestra un pequeño que se encuentra en esta situación, más inseguro se siente el padre o la madre que permaneció a su lado.

Si se siente atrapada en este círculo vicioso, me permito sugerirle que recurra a un psicoterapeuta o consejero familiar. Un profesionista competente puede ser un auxiliar valioso para cooperar en el restablecimiento de la familia modificada.

Ante las circunstancias, suele suceder que los niños muestren diversas formas de regresión, volviéndose hacia algún objeto o adoptando una conducta más adecuada a una etapa anterior. El apego de su hija y sus excesos en la comida son un ejemplo claro de lo anterior.

Durante los dos primeros años de la vida, la comida está vinculada estrechamente con la satisfacción de necesidades tanto físicas como emocionales. En situaciones de alto *stress*, los niños (y muchos adultos) comen excesivamente en un intento fallido por recuperar la seguridad del pasado.

No permita que su hija crea que comer es un remedio para la inquietud. Su avance hacia la autonomía y la autosuficiencia se lesionará según el grado en que aprenda a confiar en la comida como en un medio para manejar la crisis.

Debo recordarle que el simple hecho de impedir que coma en exceso no es suficiente. *Su pequeña tiene que convencerse de que usted sola es capaz y suficiente para satisfacer sus necesidades y protegerla. Y, por supuesto, usted es capaz y suficiente.*

Enséñele dulcemente que hay momentos para estar juntas y momentos en que ambas tienen que estar en lugares distintos, haciendo cosas diferentes. Si no quiere que se siente en su regazo o que la siga constantemente, dígaselo con claridad y firmeza. Si la pequeña se echa a llorar, es porque no sabe qué otra cosa hacer con su ansiedad. Señálele un sitio adecuado para que llore.

Responda a sus preguntas con claridad y honradamente. Si papá no va a regresar nunca, dígaselo, o explique qué papel seguirá desempeñando papito en su vida.

Padre de fin de semana

(P) *Soy divorciada y madre de una nena de cinco años. Mi marido viene por mi hija cada tercer fin de semana. Tiene la capacidad económica para hacer gastos y llevarla a paseos que están fuera de mi alcance, de manera que la niña la pasa* *de maravilla con mi ex esposo lo cual, a la vez, se traduce en que tengo problemas para centrar a la pequeña cada vez que su papá me la trae de regreso. Después de sus salidas, la niña pasa uno o dos días mostrándose irritable, de mal humor y sólo habla de "lo que hicimos papi y yo", lo cual me revienta el hígado. Hace poco comenzó a gritar declaraciones tales como "¡Quiero más a papi que a ti!" y, sobre todo cuando la reprendo, "¡Me quiero ir a vivir con mi papá!". Eso me deja hecha pedazos y no sé cómo manejarla en situaciones así. He tratado de hablar tranquilamente con ella, pero creo que se da cuenta de que estoy muy alterada. ¿Qué me sugiere?*

(R) Los problemas y las frustraciones que me describe, son parte de lo que llamo "el síndrome de la madre sola".

A usted le duele la libertad y el gran ámbito de opciones que disfruta su ex marido en la relación con su hija. Le molesta el hecho de que pueda llenar el tiempo que pasan juntos con actividades costosas y que no se vea obligado a invertir ni un minuto de su tiempo en las responsabilidades cotidianas que son obligación de un padre de tiempo completo. El convenio parece injusto: A usted le toca todo el trabajo y la disciplina, mientras que su ex esposo obtiene todas las recompensas.

En consecuencia, a usted no le hace maldita la gracia que su niña le venga a contar lo bien que la pasa con papito. Pero la cuestión es que de todas maneras se lo contará, porque regresa con sus baterías cargadas al máximo y hasta con ilusión de volver a salir con papi. Es probable que usted sienta que no es otra cosa que alguien que llena los vacíos y los días entre salida y salida con papá.

No es fácil, pero procure comprender el punto de vista de su hija. Es común que los hijos de padres divorciados pongan al padre ausente en un pedestal. A los ojos de los pequeños, papá se convierte en una figura heroica sin culpa o defectos. En poco tiempo, el ideal sustituye a lo real. El niño se autoasigna el papel de Guardián-de-la-Imagen; además, se dedica a pulir y resguardar esa imagen paterna hasta su siguiente salida con el nuevo héroe de su vida.

Esta adoración hacia el prócer paterno es suficiente como para sacar de quicio a cualquier madre que se queda al frente de la familia. Después de todo, lo más probable es que usted tenga a ese famoso y flamante prócer-papi-héroe en un concepto digno del peor vocabulario arrabalero.

Por desgracia, entre más irritada se muestre con los comentarios de su hija sobre "Papá-Maravilla", la niña se pondrá más a la defensiva y más protectora con respecto a la imagen de su papito y a su relación infantil con él. Peor aún: sentirá el poder que invoca a su favor el nombre de su padre o su sola mención. Cuando las cosas no salgan a su gusto, soltará el estribillo de:

—¡Quiero más a mi papito que a ti!

Lo mejor que puede usted hacer por sí misma es *escuchar* cuando su hija quiere relatarle sus aventuras en el papá-íso. Mejor aún: No se limite a escucharla. . . haga preguntas e investigue detalles. Asegúrese el control de la conversación para que, después de un lapso razonable, pueda decir algo así como: "Me parece una conversación muy emocionante y me alegra que te diviertas tanto con papi. Ahora, mamita dejará de hablar e irá a terminar de leer su revista. Mientras, tú irás a jugar a tu recámara". De esta manera, comenzará usted a redefinir los términos de su relación tan pronto como la niña regrese a casa después de ver a su padre.

Acepte el hecho de que pasa un rato glorioso con su papá. *Así debe ser.* No le gustaría que cada quince días pasara por un infierno, ¿verdad?

Las dificultades que sufre usted para manejarla cuando la niña regresa a su lado, no son culpa de su ex esposo. El resentimiento es algo que usted misma tiene que manejar, tomando en cuenta que lesiona su autoridad, da origen a una brecha entre ambas y motiva enfrentamientos.

Todo estriba en que acepte envainar la espada y escuchar. Al escuchar (y hablar), usted la invita a reinvolucrarse con usted y reduce al mínimo las probabilidades de que la nena ande por toda la casa cantando el himno y llevando en alto la bandera de papito.

Entre más interés muestre en la niña, más simple resultará reestablecer el control y más apreciará la pequeña la seguridad serena y rutinaria de su hogar. Después de todo, no hay nada como volver a casa, y ella lo sabe. De usted depende no hacérsela odiosa.

Hijos adoptados

(P) *Hace siete años, siendo soltera, tuve un hijo. Cuando el nene tenía quince meses, me casé con un hombre extraordinario que adoptó a mi pequeño y sostiene una relación perfecta con él. Ahora tenemos otro hijo. No le hemos dicho la verdad al mayorcito, pero sentimos que tiene derecho a saberla. Varias amistades nos aconsejan que no digamos nada, que se sentirá herido o que es demasiado pequeño. Queremos ser honestos con él, pero nos sentimos confusos. ¿Qué opina?*

(R) Debe saberlo. Tiene que saberlo porque es su derecho. Tiene que escucharlo de labios de ustedes antes de que lo deduzca por sí mismo o se lo diga alguien más. Creo que este es el momento adecuado para decírselo.

Un chico de siete años, ya puede comprender las complejidades sutiles de la situación. A esta edad, puede pensar con más flexibilidad que un pequeño de cinco años y hay menos probabilidades de que se sienta confuso.

La estructura emocional del niño de siete años, está mejor establecida y es menos vulnerable que la de un niño menor. Está mejor capacitado para enfrentarse con éxito a los conflictos emocionales que pudieran surgir temporalmente cuando se presentan ante sus ojos las circunstancias de su origen.

A menos que aún no se resuelvan las situaciones agudas de la lucha por el poder, los primeros años de la escuela primaria son relativamente serenos, para dar lugar posteriormente a un resurgimiento de rebeldía que se inicia a los nueve o diez años y hace crisis en la adolescencia.

La reacción de un niño al descubrir que es adoptado (ya

sea por uno o por ambos padres), es más aguda si se pospone hasta los años de rebelión. Para entonces, podría interpretar el retraso como una indicación de falta de confianza en la relación; quizás eso fuera excusa suficiente para aumentar su rebeldía hasta un grado inadecuado y tal vez peligroso.

De manera que, siendo este el momento más adecuado para ofrecerle la información, quisiera ofrecerles algunas sugerencias que pueden ayudar a que el asunto se desarrolle con más suavidad:

Asegúrese de que su hijo conoce y comprende los hechos básicos de la concepción, el embarazo y el nacimiento, y de que sabe qué significa el término "adopción". Si está confuso, deberá darle un minicurso de educación sexual, agregando una explicación sobre los diversos tipos de familia (pareja, padre o madre solos, segundos matrimonios) y de la diferencia que existe entre padres naturales, padrastros y padres adoptivos. Si es posible, déle ejemplos de personas que él conozca y permita que transcurran unas semanas para que el chico digiera la información y para que haga las preguntas pertinentes si es que tiene alguna duda.

- Tenga muy presente que, cuando se le diga la verdad, puede reaccionar mostrándose temporalmente retraído, molesto. También podría exhibir cierto carácter errático mostrándose súbitamente encolerizado, acusatorio y frustrado.

Es posible que lance algunas curvas indirectas contra el sistema familiar para constatar que funciona bien y si se sostiene en pie bajo presión.

Al niño puede parecerle que han cambiado muchas cosas, inclusive su definición de quién es él y de cómo "ajusta" dentro de la familia. La noticia puede originar algunos desórdenes temporales. De ser así, debe usted actuar con base en la fortaleza y solidaridad de su matrimonio para demostrarle que *no ha cambiado nada. El es la misma persona,* que vive en *la misma familia* con base en las mismas reglas y compartiendo el *mismo amor de antes.*

Programe unas vacaciones familiares que se inicien

unos días después de haberle dado la noticia y utilice esos días para reafirmar los vínculos que unen a la familia. Esas vacaciones permitirán que ambos padres estén juntos para que no los acorrale uno por uno. Además, juntos podrán disciplinar, esclarecer, consolar y manejar situaciones que se presenten en una unidad absoluta.

• Es posible que comience a hacer preguntas sobre su padre biológico, incluyendo la de "¿Cuándo puedo conocerlo?". Hay que responder a todas sus preguntas de manera directa y honrada, aunque no conviene que el pequeño conozca de inmediato a su padre natural. Explíquele que su padre biológico ha hecho otra vida mientras que ustedes han hecho su vida alrededor de él. Si el niño insiste, díganle que se le dirá más adelante quién es ese padre biológico, tal vez cuando termine la preparatoria. Para entonces, tendrá la edad suficiente como para tomar una decisión razonable con respecto a si debe o no usar esa información. (1)

Sobre todo, háganle saber que ustedes dos son sus verdaderos padres, AMBOS, los que estan a su lado en todo momento y le quieren intensamente.

(1)N. del Editor :Varios autores manejan el concepto, muy adecuado y honesto de manifestarle al hijo adoptivo que los hijos naturales los manda Dios sin que sus padres tengan la oportunidad de escogerlos, a diferencia de los hijos adoptivos, que son elegidos especíificamente por el padre adoptivo, por su propia voluntad y con base en el amor que comienzan a despertarle.

CUARTA PARTE

Temas y Niños Especiales

TELEVISION

El niño promedio de edad preescolar pasa más tiempo viendo televisión que en cualquier otra actividad que requiere movimiento. Entre su segundo y cuarto cumpleaños, invierte TREINTA Y DOS HORAS SEMANARIAS en observar la pantalla, lo cual se traduce, en SEIS MIL SEISCIENTAS CINCUENTA Y SEIS HORAS DE LOS CUATRO AÑOS MAS IMPORTANTES DE SU VIDA. Para cuando entre a primer año de primaria, habrá estado cerca de una tercera parte de sus horas de vigilia junto al aparato de televisión.

Hemos presenciado brotes de lucha para mejorar la programación, pero sinceramente no creo que sea eso lo que nuestros niños necesitan. Las pruebas señalan que el daño que la televisión causa a los pequeños tiene poco que ver con la programación.

El daño es tan grande, que tenemos que analizarlo cuidadosamente. El daño está en VER LA TELEVISION, NO TANTO EN LO QUE SE OBSERVA EN ELLA.

Cuando el pequeño vé la televisión, se encuentra inerte, congelado física y mentalmente. Es un ser pasivo, no participante, no involucrado (o involucrado sólo en forma superficial y momentánea). Puede elegir entre una pequeña diversidad de programas (a menudo de naturaleza similar) pero no puede determinar lo que vé, desde qué perspectiva lo vé o en qué secuencia.

Al ver la televisión,sus pupilas están fijas en un punto estacionario del campo visual. En vez de revisar, mira fijamente. La mayor parte del tiempo (obsérvelo) tiene las manos sobre el regazo, inmóviles. El niño es como un espectador inerte, un pasajero de fantasías ajenas.

En breve, ver la televisión es parecido a no hacer nada. Quizás sea el aparato tecnológico más democrático que se ha inventado. Cualquiera puede verla y todo mundo lo hace. No se exige ninguna capacidad para verla :ningún talento, ninguna experiencia previa. Todo lo que se necesita son ojos.

Ni siquiera los programas mal llamados "educacionales" como Plaza Sésamo son válidos. Un estudio muy importante de la Fundación Russell Sage (Russell Sage Foundation, 1975) determinó que los niños que veían diaramente el programa de Plaza Sésamo no avanzaron significativamente más en razonamiento y solución de problemas que los pequeños que lo veían esporádicamente.

Los años pre-escolares representan el periodo formativo más crítico de la vida del ser humano. Durante este breve periodo,el niño desarrolla un estilo personal y perdurable de relacionarse con el mundo: Social, emocional, perceptual e intelectualmente. Sería interminable enumerar las fuentes de investigación que demuestran sin lugar a dudas la importancia que tiene para el pequeño de esta edad la fantasía, el juego y la exploración de su propio mundo... no del mundo ajeno de la televisión.

En vez de ser un estimulante para el crecimiento y desarrollo de la actividad física e intelectual, la *televisión actúa como un NARCOTICO.* El doctor Terry Brazelton, notable pedia - tra de Cambridge, Mass., y autor de "Infants and Mothers", asegura que la televisión produce un estado parecido al trance hipnótico en los niños. "Ataca y aplasta al pequeño," establece el doctor Brazelton, "quien sólo puede responder y reaccio - nar volviéndose más y más pasivo."

Los defensores de la televisión para niños, no están de acuerdo. El doctor Edward Palmer, empleado de la compañía televisiva que produce Plaza Sésamo y Compañía Eléctrica, afirma que ver televisión es "un notable acto intelectual".

"Mientras los niños ven televisión" afirma el colaborador de los productores televisivos, "hacen hipótesis, generalizan y relacionan activamente lo que ven con su propia vida "..

Pero una sola mirada a la expresión ausente y los ojos vacíos y lejanos del pequeño que se encuentra ante la pantalla, es el mejor argumento para convencerse de que ver la televi - sión es el extremo opuesto de un "notable acto intelectual". Es más, de "acto", no tiene nada. No es actuar: es presenciar pasivamente.

En contra de lo que afirman los interesados defensores de la televisión para niños, la *televisión no es y no será jamás la mejor amiga del niño. Es, por el contrario, una de sus peores enemigas.* El tiempo del niño se invierte mejor actuando, participando, haciendo cualquier cosa que no sea ver televisión.

Desde 1955 a la fecha, las horas que los niños pre-escolares ven televisión, se han elevado en más de un trescientos por ciento. Durante este periodo, los niveles académicos han de - clinado pavorosamente, ha aumentado el analfabetismo (que no necesariamente significa no saber leer, sino NO SABER ENTENDER LO QUE SE ESTA LEYENDO) y las escuelas pri - marias se han llenado de niños que muestran dificultades ver - daderamente dolorosas para aprender a leer.

Un estudio reciente de medio millón de niños californianos, demostró que entre más televisión veían los pequeños, más bajas eran sus calificaciones.

Ver televisión y leer no son comparables en ningún aspecto: No se *aprende* a ver televisión... simplemente se mira. Leer exige involucrarse, comprender... algo muy lejano y distinto de la experiencia. de ver televisión. *Leer es un ejercicio activo de solución de problemas: No se puede "mirar", "observar" un libro.*

Estamos dotados por un cerebro ideal para enfrentarnos al desafío de la lectura. Pero el cerebro de un niño de *seis* años que llega a la escuela con SEIS MIL HORAS DE TELEVISION BAJO LOS PARPADOS, YA TIENE GRAVES DIFICULTADES POTENCIALES. A menos que se hagan cambios drásticos, es probable y factible que esa criatura no esté dispuesta o en posibilidad de alterar su posición de observadora pasiva.

Los investigadores del *National Institute of Mental Health (*Instituto Nacional de Salud Mental), tienen pruebas de que las células cerebrales crecen en respuesta al estímulo y el ejercicio intelectual (en forma parecida a las células musculares que responden al estímulo físico), y que se atrofian o se debilitan por falta de estímulo. Asímismo , esa investigación presenta la tesis de que muchos niños con " problemas de aprendizaje " son " niños video " promedio cuyo cerebro , reumático a consecuencia de demasiadas horas de ver televisión, no logra vencer el desafío de aprender a leer.

Las investigaciones recientes con niños que tienen problemas para aprender a leer, indican que ver televisión adiestra a sus ojitos a mirar fijamente, sin que aprendan el movimiento necesario y automático que se requiere para leer. El doctor Edgar Gording, experto en problemas de lectura, manifiesta que muchos de los niños no-lectores con que trabaja, *jamás aprendieron a mover los ojos de izquierda a derecha* . Esa habilidad visual básica, debería haberse desarrollado si durante sus años pre-escolares esos pequeños hubieran pasado menos tiempo ante la televisión y más horas jugando y en otras actividades con movimiento físico.

Y es igualmente *aterradora la cualidad adictiva de la televisión.* Entre más la ven los niños, más se aficionan a ella. Y si se les impide, es común que pasen por un periodo de retraimiento emocional que no sólo les provoca *stress* a ellos, sino a toda la familia. Se tornan coléricos, malhumorados y tristones. Se obsesionan con la televisión y realizan intentos repetidos y desesperados para "enchufarse" a ella. Se vuelven agresivos, rebeldes y ansiosos. Su frustración y su ansiedad van en aumento, sofocando su capacidad para adoptar una conducta constructiva.

Y cuando los niños adictos no logran enchufarse a la televisión, lo más probable es que se enchufen a uno o ambos padres, chillando y exigiendo "¡Hazme esto y hazme lo otro!"

Al llegar a su límite de tolerancia, los padres devuelven al nene a la pantalla con la esperanza de comprar unos instantes de paz. No se dan cuenta de que la incapacidad de sus hijos para ocuparse a sí mismos es resultado (parcial en el mejor de los casos) del tiempo que pasan pegados al aparato. *La televisiôn despoja a los niños de iniciativa, motivación y autonomía, debilitando su resistencia ante el stress.*

¿Y por qué es adictiva la televisión mientras que,por ejemplo, la radio no lo es? Es cuestión de tecnologías distintas. Típicamente, las producciones televisadas, ya sea filmadas o en vivo, se toman usando varias cámaras, y cada una de ellas filma la acción desde un ángulo diferente.

Las redes televisoras saben que el público se queda mi - rando más tiempo la pantalla cuando la escena cambia de una cámara a otra; asi que cambia de enfoque más o menos cada cuatro segundos.

Y esa es la causa por la que los niños pequeños pueden quedarse mucho rato sentaditos, transfigurados ante programas que, definitivamente, no pueden comprender. El cambio incesante de punto de referencia elimina la necesidad de comprender. No capta el interés del niño: *LO HIPNOTIZA.*

Paradójicamente, el niño que durante horas permanece sentado ante la tele con los ojos fijos, *está aprendiendo a no prestar atención:* Se está adaptando a un lapso de atención de unos cuantos segundos. . .

Después de seis mil horas de este insidioso aidestramiento, el niño llega al salón de clases, donde su maestra descubre que el nuevo alumno no logra concentrarse en su trabajo el tiempo indispensable. También observa que está en movimiento constante. Finalmente, cuando fallan todos los es - fuerzos de la maestra, *manda al niño con el psicólogo, que lo diagnostica como " hiperactivo ".*

Pero estas etiquetas diagnósticas enmascaran más de lo que descubren. Ver demasiada televisión ha incapacitado al niño para tolerar un campo visual estable. En el aburrimien - to " del salón de clases, trata de reestablecer el nivel de estímulo que acostumbra cuando se encuentra sentado. Sus ojos saltan de una cosa a otra, y con suma frecuencia su cuerpo sigue a sus ojos. Dado que ver televisión jamás ha exigido que ponga algo de su parte, no termina casi nada de lo que inicia. Ignora por qué no se puede quedar quieto, poner atención o terminar su trabaio :*Sólo sabe aue NO PUEDE. Y ese " NO*

PUEDO " se convierte cada vez más en parte de su auto-imagen.

Los maestros con mucha experiencia me han comentado que, actualmente, los niños en general son menos imaginativos y llenos de recursos que los de hace una generación, cuando no se veía tanta tele como ahora. La observación no es sorprendente. La naturaleza explícita de la televisión, deja muy poco a la imaginación de los niños. La verdad es que, muy sutilmente, desalienta a los niños en el terreno de sus recursos creativos y, en consecuencia, los pequeños no los ejercitan. Durante los últimos treinta años, hemos permitido que las estaciones televisoras creen sus propios mitos Entre ellos, los de " programas para niños " "programación familiar " y "programas educativos ".

Supuestamente, los programas como Plaza Sésamo y muchos otros, son "programas infantiles" . Pero ver la televisión ni siquiera es un pasatiempo adecuado para niños, y nos aún para pre-escolares. La televisión es un obstáculo para la infancia, no una ayuda. *En realidad, no hay programas para niños; los así llamados, sobreviven y florecen gracias a los padres, no a los niños. Estos programas, incluyendo los "shows para niños"* los mantienen ocupados, pero contra lo que los productores quieren hacer creer a los padres, no ofrecen nada de valor. Tampoco hay programas para la familia. Los términos programa y familia son absolutamente incompatibles, porque en el instante en que un grupo de gente que se llama a si mismo familia se sienta a ver la televisión, se detiene el proceso que conforma a una verdadera familia.

Los términos *ver* y *juntos* también son incompatibles. - La televisión no se vé " *juntos"..Se vé individualmente.* Sin - que importe cuántas personas estén reunidas en una hbitación viendo el mismo programa, CADA UNA DE ELLAS SE RETIRA A UN SOLITARIO TUNEL ADUDIOVISUAL .

La televisión puede no ser la única causante de la diseminación de los problemas en comunicarnos, pero no cabe duda de que se convierte en una buena excusa para que no se resuelvan. Entre más se alejan entre sí los integrantes de una familia, más se convierte la televisión en un medio conveniente para *tolerar* la presencia de los otros miembros, al tiempo en que, simultáneamente, se evita aceptarlo y reconocerlo. . . todo ello bajo la disculpa de que ver televisión es " *actividad de familia* ".

"Toda la televisión es educativa ", manifestó Nicholas Johnson, anteriormente miembro de la Cimisión Federal de Comunicación. "La interrogante es: "¿Qué se está aprendiendo de ella?".

Al parecer, un niño que vé *Reino Salvaje* y otro que observa las caricaturas, son testigos de programas enteramente distintos. . . uno de ellos, supuestamente educativo, y el otro de diversión pura. Pero volvemos a lo mismo: No hay programas que merezcan, más que otros, el término de "Educativo". Tanto el niño que ve una caricatura como el que observa *el desarrollo de Reino Salvaje o El Hombre y la Naturaleza,* están expuestos al mismo mensaje educacional: *Puedes obtener algo a cambio de nada.*

Los niños son personas impresionables. No tienen forma de valorar y por lo tanto de oponerse al mensaje insidioso de la televisión.

Los niños aceptan. Absorben. Se adaptan. Y casi como arcilla blanda bajo la mano que le dá forma, se convierten en aquello que señalan las influencias que prevalezcan en el medio ambiente que los rodea.

LOS JUGUETES

He tratado de recordar con qué juguetes jugaba cuando tenía cuatro o cinco años, pero el único que viene a mi memoria es el tren eléctrico que me regaló tío Ned en la Navidad de 1952.

Seguramente me estoy volviendo senil. ¡Debo haber

tenido muchos juguetes más! Después de todo, era un niño y los niños tienen muchos juguetes.Por lo tanto, ¡yo tuve muchos juguetes!

¿Dónde estaban. . ?

Este asunto me está volviendo loco.Llamaré a mamá por teléfono.

Oye, mamá... he estado tratando de recordar mis juguetes de niño. ¿Recuerdas con qué jugaba cuando vivíamos en Charleston y cuando. . .

-¿Juguetes? Nunca te comprábamos juguetes.

-¿No tuve juguetes? ¿Ninguno?

- Bueno... déjame hacer memoria. ¡Ah, si, creo que Ned te regaló un tren eléctrico. Teniás soldados y unos carritos. Pero sólo te acordabas de ellos en las tardes muy lluviosas.

- ¿Y a qué me dedicaba cuando no llovía ?

- Jugabas afuera. Cacerías de lagartijas y otras grandes aventuras. Nunca te faltaba qué hacer y me costaba un trabajo endemoniado encontrarte o hacerte entrar a la casa... Me acuerdo que un día. . .

Cacerías de lagartijas. Grandes aventuras..Desaparecía toda la tarde. ¡Qué vida aquella! Ya, ya.recuerdo: mis juguetes eran cosas de La Tierra: piedras, charcos, palitos y hojas. Jamás me aburría. No sabía *cómo aburrirme.*

¿Es mi imaginación o muchos niños de ahora no saben cómo "desaburrirse"?

¿Cuántas veces ha oído a un niño decir cosas como la siguiente:

-¿Y ahora qué hago ? Ya me aburrí. Es que no tengo nada qué hacer. . .

Los niños actuales esperan, e incluso exigen que se les divierta, *porque ya se ha hecho anteriormente.* Todos los días se les ha entretenido en las formas más absurdas e irrelevantes. Son, en gran parte, una generación torpemente inerte.

Los padres conceden a sus hijos demasiado tiempo, televisión y un cuarto lleno de juguetes: Esas son las aflicciones ambientales de los niños de hoy.. Eso es lo que se atraviesa en su camino rumbo al aprendizaje de cómo ocuparse por sí mismos creativamente. Son barreras para el fluir libre de la inteligencia.

Lo triste es que los niños se vuelven rápidamente dependientes de esos obstáculos: Son participantes inconscientes de su propio infortunio.

Tomemos por ejemplo los juguetes: En general, el niño de hoy es un adicto dependiente de los juguetes. Le resulta indispensable tenerlos. Juguetes nuevos también. Muchos juguetes nuevos. En todo momento.

Vive entre un mar de juguetes. Se encuentran por todas partes. Pedazos y piezas de juguetes rotos que llenan el fondo de un arcón o de un juguetero. Sus entrepaños están sobre - poblados de juguetes, su clóset y sus libreros rebosan de ju - guetes y el suelo le parece chiquito para diseminarlos al norte y al sur. Cada vez que los abuelos van a visitarlo, le llevan más juguetes como si fuera obligatorio. Cuando sale de compras con sus padres, regresa con algún juguete nuevo. A pesar de ello, protesta lastimosamente:

- *¡No tengo nada qué hacer!*

Y casi esta en lo cierto. Sus alternativas son tantas que resultan agobiantes para el pequeño. El apelmazamiento nubla su imaginación, obstruye su mirada y frustra su crecimiento. Evita la frustración eludiendo la sobrepoblación de juguetes. Lo único que sabe hacer es aumentarla compulsivamente. Lo anterior lo traduce así: " ¡No tengo nada qué hacer!", lo cual significa realmente :"Ya no sé qué hacer conmigo mismo".

Entre más juguetes tiene, más espera de los objetos y menos de sí mismo. Actúa como un ser desvalido, y nosotros alimentamos su impotencia, fortaleciendo lenta pero certeramente su actitud de "No puedo" ante los desafíos de la vida.

Les ofrezco algunos de mis conceptos con respecto a los juguetes:

** El mejor juguete es el que fabrica el niño. Llévelo al patio o al jardín, y enséñele a construir fuertes y casitas con pequeñas ramas y palitos, a hacer trincheras para hormigas en la tierra utilizando una cuchara vieja, a hacer barquitos de papel, a construir muritos con piedras, árboles con piñas y bellotas de pino.., las posibilidades son infinitas.

** Los mejores juguetes comerciales son flexibles (pueden combinarse de muchas formas diferentes) y alientan el juego imaginativo. Lo mismo sucede con los juegos sencillos de construcción, la plastilina, arcilla, crayones, pinturas de agua, pinturas para aplicar con los dedos, etc.

** Yo sugiero que se olvide de la generalidad de los juguetes llamados "educativos". Suele suceder que tienen poco o nada en común con las necesidades de desarrollo del niño. En un alto porcentaje, sus "problemas a resolver" son inadecuados y tienden más a inhibir que a alentar el pensamiento creativo.

** En lugar de que compre juguetes "que hacen cosas" (que funcionan, se mueven con pilas, etc.) dele a los niños unas cuantas cosas básicas que ellos puedan manipular. Deje que la imaginación de su pequeño actúe el "hacer".

** Por favor, no limite a sus niños a los juguetes usualmente considerados como exclusivos para su sexo. Si el niño pequeño quiere jugar con muñecas, permítalo un tiempo. Si la niña quiere jugar beisbol cómprele un bat y una pelota. Entre más libres se encuentren para explorar las posibilidades de la vida, mejores serán sus elecciones ante cualquier alternativa.

En pocas palabras: Entre menos juguetes les dé, mejor.

PROBLEMAS DE APRENDIZAJE.

Si existiera una receta (como las de cocina) para enumerar los ingredientes de "problemas de aprendizaje", sería como sigue: Tómense porciones iguales de Mito, Moda, Confusión e

Impaciencia, mezclense vigorosamente los ingredientes hasta espesar la pasta. Tómese a un nene que no va bien en la escuela y proceda a barnizarlo cuidadosamente con la mezcla. Ya tiene listo su niño con "problemas de aprendizaje".

Procedamos a analizar cómo funcionan esos ingredientes:

Mito: Nadie ha descubierto todavía qué es exactamente un "problema de aprendizaje". El termino se fabricó para explicar por qué tienen los niños más problemas de los razonables en la escuela, de los que presuntamente "deberían" tener. La tesis prevaleciente es que esos niños-conflicto tienen alguna disfunción moderada o menor en el cerebro y que eso interfiere con su capacidad para leer, escribir o trabajar con números. Pero no hay pruebas de que exista tal "corto-circuito en el cerebro". Es, por lo tanto, un mito... conocido usualmente como "teoría", si es que ustedes prefieren el aura de respetabilidad científica.

Moda: Durante los últimos veinte años, hemos visto desfilar varios "enfoques progresivos" de la educación, que como llegan se van. Cada uno de ellos, se anuncia como "lo último, lo mejor". El doctor Allan Cohen, docente y autor de varios textos de primaria,llama a esto " El Desfile de las Bandas Musicales", lleno de modas pasajeras y trucos, pero carente del "cómo hacerlo bien". Afirma que muchos de los libros y de los métodos que se han usado y se utilizan para enseñar a leer a los pequeños son confusos y tienen poca relación con lo que se sabe respecto a cómo aprenden a leer los niños. En otras palabras, creamos ambientes de aprendizaje desconcertantes, y luego decimos que algo anda muy mal con los niños que actúan como si estuvieran desconcertados.

Confusion: Cuando yo era niño, no existían los chicos con

"dislexia" o con "problemas de aprendizaje". Existían los que funcionaban muy bien en la escuela, los que funcionaban medianamente y los que funcionaban más mal que bien. Esos que no-funcionaban-tan-bien, se quedaban después de clases a trabajar con la maestra, les dejaban tareas más simples y se les daban libros de texto más sencillos. Era común que los reprobaran en un año o en otro. Muchos de mis mejores cuates reprobaron. Casi todos terminamos la preparatoria y muchos fuimos a la universidad. *Todos* aquellos amigos míos aprendieron a leer.

Ahora tenemos una epidemia mundial de niños con problemas de aprendizaje (P.A.) y con dislexia. Pero los expertos no se ponen de acuerdo sobre cómo definir estos términos, cómo identificar y clasificar a los niños y la fórmula para resolver el problema. Las definiciones son tan pavorosamente vagas que prácticamente cada niño que ha escrito mal una palabra, tropezado en la pronunciación o restado en vez de multiplicar, puede ser incluido en el problema. En una investigación analítica reciente que se hizo en el estado de Indiana, se descubrió que *todos* los niños del distrito escolar tenían algún problema de aprendizaje. La cacería era en pos de chicos con "problemas de aprendizaje" (P.A.). Los educadores y los psicólogos estan convencidos de que hay muchos millones de ellos, de manera que le cuelgan la etiqueta a muchos niños.

Impaciencia: Actualmente, todo está diseñado para cumplir el requisito de "házlo inmediatamente ", "rápidamente", " ahora mismo ". Algunos historiadores contemporáneos manifiestan que ya no tienen la capacidad necesaria para ajustarse adecuadamente a la rápida aceleración del progreso. Nuestro entusiasmo por cambiar y mejorar constantemente, ejerce su influencia en el terreno de la psicología infantil.

A menudo actuamos como si los niños fueran productos sujetos a los mismos principios y expectativas que la electrónica y la ingeniería de productos. Podemos llegar desde Nueva York hasta París en la mitad del tiempo que se requería hace veinte años, ¿pero es razonable exigir que nuestros niños también absorban los tres conocimientos básicos en la mitad del tiempo ? (leer, escribir y las operaciones aritmêticas elementales).

Se está obligando a los pequeños de tres y cuatro años a que empiecen a recibir elementos de aritmética, escritura y lectura , sin que importe en lo más mínimo si eso se ajusta o no a lo que sabemos respecto a qué pueden aprender los niños o de cómo aprenden. ¡No importa:Estamos en pleno Siglo Veinte!

Por suerte, hay programas especializados que ofrecen instrucción individual para niños que requieren apoyo extra: "los que no están muy bien". Desafortunadamente, para hacerlos elegibles, hay que etiquetar a esos pequeños como "Niños con Problemas de Aprendizaje "

La etiqueta implica que el niño es "*sub-normal*", y eso es pésimo para su autoestima. Como si fuera poco, existe el peligro muy real de que esa etiqueta pueda convertirse en una muletilla que en años posteriores se utilice para eludir responsabilidades y justificar fracasos.

La capacidad y habilidad requeridas para leer y escribir, maduran precozmente en algunos niños, y tardíamente en otros. Todos los niños son diferentes, *maduran y aprenden a velocidades distintas y en formas diversas. Cuando se aplica la misma medida para establecer el progreso de cada niño, se pierde la individualidad del pequeño y se establecen comparaciones injustas y dañinas.*

Claro que el *método de la medida igualitaria* tiene sus ventajás. Si el niño no se ajusta al *estándar*, puede uno asegurar que algo anda muy mal con el pequeño. Esto protege maravillosamente la imagen de nuestros sistemas educativos y todos sabemos que el sistema es " más importante " que el individuo. . . ¿No es cierto?.

La diferencia real entre un niño que prende a leer bien y uno que no lo consigue fácilmente, son los padres amorosos e interesados, los maestros éticos y los buenos libros de texto e interés general.

LOS HIPERACTIVOS

El término " Daño Cerebral Mínimo " o " Disfunción Cerebral Mínima " (DCM) fue acuñado en la década de 1950 por un grupo de investigadores que compararon la capacidad de niños con daño cerebral y niños no dañados. Observaron que algunos niños normales tenían dificultades para realizar ciertas tareas que también eran difíciles para los pequeños con lesiones cerebrales. Y, brillantemente, resolvieron la paradoja concluyendo que seguramente los cerebros de algunos niños normales no funcionaban adecuadamente. Dicha disfunción afecta exclusivamente ciertas habilidades específicas como lectura o escritura y no es físicamente incapacitante. Por lo tanto, seguramente era mínima.

Hay múltiples síntomas de DCM, y ninguno es específicamente claro. Algunos niños con DCM , tienen dificultad con la lectura y otras materias académicas. Otros muestra una coordinación deficiente. Hay pequeños con problema para comprender lo que se les dice o para expresarse con claridad..Y las dificultades de otros niños también se diagnostican como DCM, porque son " hiperactivos ".

La hiperactividad tiene su propio grupo de síntomas. Como el término lo señala, al niño " hiperactivo ", se le describe como muy activo ("¡Le juro que no puedo seguirle el paso!"), inquieto ("¡No permanece sentado ni tres minutos!"), que se distráe con facilidad ("Hasta el vuelo de una mosca le llama la atención!"), y con lapsos muy breves de atención y concentración ("Jamás termina lo que comienza").

La hiperactividad, como el DCM, es un término médico. Solamente el médico, y de preferencia el neurólogo pediátrico está facultado para aplicárselo al niño, y jamás a la ligera. El término "hiperactivo" ha penetrado de tal manera a nuestro vocabulario cotidiano, que podría apostar que la mayoría de los casos no ha sido diagnosticada por un médico que haya examinado al pequeño.

Cuando un nene logra que su maestra entre en estado de histeria absoluta, dicha maestra le comenta a la mamá que el niño puede ser "hiperactivo". Cualquier señora a quien el chico de la casa vecina le cáe en la punta del hígado por inquieto y aguerrido, le comenta a las demás vecinas que "seguramente es hiperactivo". Cuando vamos de visita a casa de unos amigos y el heredero anfitrión se encarga de tirar un berrinche tras otro durante toda la velada, regresamos a casa comentando que seguramente es hiperactivo.

Todavía me acuerdo de cuando los niños eran "consentidos" o "mal educados". Pero eso ya comienza a formar parte de la historia antigua: **Ese mocoso malcriado de antaño es el niño hiperactivo de hoy.**

Hemos lanzado a los cuatro vientos el término "hiperactivo" con tal generosidad indiscriminada, que se está perdiendo su significado verdadero. Después de todo, una etiqueta es una simplificación amplificada, una especie de taquigrafía verbal. Es una forma de condensar una explicación mucho más compleja.

Sugerir que un pequeño es hiperactivo simplemente porque es latoso, no explica nada. Y aplicar el término como se está haciendo, en forma generalizada, *no describe tanto el estado o la conducta del niño como la impaciencia, la frustración o la falta de comprensión de quienes lo rodean.*

Acostumbrados como lo estamos a un mundo donde desde las cajas bancarias automáticas hasta los alimentos calientes están disponibles oprimiendo un botón, sentimos que los niños no crecen ni avanzan con suficiente rapidez. *Pero no hay forma de acelerar el proceso natural del crecimiento y el avance del ser humano. No se puede empujar a un río.*

Es imprescindible reconocer, entrar en conciencia, de que cada niño es un individuo único. Reconocemos la idea de dientes para afuera, pero no practicamos lo que predicamos. NO HAY UN NIÑO IGUAL AL MIO Y NINGUN OTRO COMO EL DE USTED, Y TAMPOCO HAY DOS NIÑOS REALMENTE HIPERACTIVOS QUE SEAN IGUALES ENTRE SI. *Pero reaccionamos ante la etiqueta y no ante el niño.*

Es muy fácil entender porqué se ha vuelto tan popular el término "hiperactivo". Implica *un estado neurológico por el cual no puede responsabilizarse a nadie.* No existe sospecha o acusación de negligencia, perturbaciones emocionales o implicación de que los padres hayan fracasado o fallado siquiera en el cumplimiento de sus responsabilidades. El niño "hiperactivo" ya no es "malo" (no es ni siquiera un "mocoso malcriado"). Está ligeramente lesionado y merece TODA NUESTRA COMPRENSION. Por lo tanto, el término es comodísimo para todos los involucrados.

Hace varios años, le ofrecí una galleta a un amiguito de Eric, la cual rehusó con el siguiente comentario: " No puedo comer galletas porque soy hiperactivo ". Mientras yo observaba su expresión de "¿No se siente apenado por mí? " y pensaba en su conducta generalmente majadera y sus modales desagradables, sentía pena por él... no porque fuera "hiperactivo" y eso le impidiera comer galletas, sino porque alguien le había dicho que era hiperactivo y eso se estaba convirtiendo en su excusa para cualquier cosa.

Es interesante que hasta la fecha, nadie ha encontrado pruebas concretas del supuesto impedimento neurológico. De modo que la idea de que la hiperactividad tiene algo que ver con la materia gris del niño, no pasa de ser un presentimiento "civilizado". Más aún: Todas las descripciones de "hiperactividad" son vagas y no hay consenso ni acuerdo real sobre qué criterios hay que aplicar para el diagnóstico de esta situación. *Cualquier niño escandaloso, distraído y rebelde, lleno de curiosidad y de energía puede ser calificado de hiperactivo.*

La verdad es que las descripciones de los niños hiperactivos son muy similares, sospechosamente parecidas a las de los pre-escolares sanos y normales. Esto plantea la posibilidad de que los pre-escolares "hiperactivos" son víctimas de la impaciencia de alguien, y de que muchos niños mayorcitos e hiperactivos no pasan de ser "mocosos" inmaduros, descontrolados y faltos de disciplina.

Es probable que algunos niños que tienen verdaderos problemas neurológicos puedan ser tratados exitosamente con drogas y terapia física. *Pero lo más sano y cuerdo, tanto para el pequeño como para su familia es intentar otros enfoques de tratamiento antes de usar la medicación.* Y aunque no quedara comprobadamente otra alternativa que la medicación, la familia debe mantenerse en contacto con un psicoterapeuta.

Todos los niños merecen y necesitan la mejor oportunidad que podamos brindarles. Si nos quedamos cortos, las etiquetas que les adjudiquemos a ellos, nos vendrían mejor a nosotros.

DIETAS ESPECIALES PARA LOS NIÑOS HIPERACTIVOS

En 1973, el doctor Benjamin Feingold, alergólogo californiano, publicó un artículo que vinculaba la dieta y la hiperactividad en los niños. Sostenía que la conducta errática que caracteriza a la hiperactividad recibía el estímulo de los aditivos artificiales presentes en la mayoría de los alimentos procesados. Estos incluían a los salicilatos, una familia de sustancias químicas que, independientemente de que se encuentren en los alimentos procesados, aparecen naturalmente en productos como las manzanas, naranjas y jitomates.

Los estudios originales de Feingold, definieron la línea de batalla de una controversia que continúa rugiendo en todo su esplendor. Su reparto de personajes bélicos incluye pediatras, docentes, psicólogos, nutriólogos, así como a las industrias procesadoras de alimentos. Dentro de la espléndida confusión, se sitúan los miles de testimonios de padres de niños hiperactivos, que estan dispuestos a dejarse quemar las manos jurando que la dieta de Feingold fue su salvación.

Lo que resulta indiscutible, es que ha habido miles de niños hiperactivos sometidos a la dieta restrictiva de Feingold, y que si aceptamos las pruebas anecdóticas de sus padres, una gran cantidad de ellos ha mejorado dramáticamente. Estos agradecidos padres no ganarían nada mintiendo, de modo que yo les creo.

Sin embargo, estoy seguro de que es cuestión aparte el hecho de que dichas mejoras puedan atribuirse a la dieta de Feingold, que está libre de aditivos y salicilatos. Hay otras formas de interpretar la evidencia.

Parcialmente, este es un problema de definición. Pídale a quince expertos que definan la hiperactividad y recibirá quince definiciones diversas... todas ellas carentes de criterios mesurables. No hay un solo síntoma que la defina, ninguna prueba de sangre o cualquier otro procedimiento médico mediante el cual diagnosticarla con precisión aceptable. A veces parecería que el definir como hiperactivo a un niño activo y rebelde es más bien cuestión de que hace las cosas equivocadas en el lugar inconveniente y en el momento inadecuado y ante los ojos observadores de la gente errónea. (Ver Hiperactividad)

Dentro de la comunidad profesional no hay un acuerdo aceptable con respecto al uso de esta etiqueta. El doctor Jon Rolf, director del Proyecto de Desarrollo Infantil de Vermont, manifestó hace poco que en referencia las descripciones actuales, podría calificarse de hiperactiva a la mayoría de los niños en edad pre-escolar. Parece que la hiperactividad solo existe en los ojos del observador.

Los niños hiperactivos pueden no tener mucho en común, pero los problemas dominantes en sus familias generalmente son similares. Por ejemplo, casi nunca esta bien definida en la familia la interrogante de "¿Quién controla todo aquí?". Es típico en esas familias que los padres no esten suficiente ni satisfactoriamente unidos como fuente de autoridad ejecutiva y que no hayan encontrado fórmulas funcionales para manejar la responsabilidad gigantesca de educar a un hijo. De muchas maneras, la conducta inestable del pequeño parece reflejar inconfundiblemente la falta de estabilidad de vivir dentro de una familia que no tiene un centro, un núcleo consistente y firme.

Aunque nadie lleva el control, *el problema que controla* dentro de la familia es la conducta caótica del niño, y se ven afectados casi todos los aspectos de la vida familiar, social, educacional, financiero, ocupacional y emotivo. La tensión es constante y nadie se siente cómodo.

Por consecuencia lógica los padres del niño hiperactivo buscan desesperadamente las respuestas a su problema... desesperados en pos de una solución que enfríe el comportamiento del nene hasta niveles tolerables y manejables. Pero en opinión de los padres, su niño no es como los demás, y si se les ofrece un enfoque de simple sentido común, a menudo lo rechazan alegando: "Ya lo intentamos y no funcionó", cuando la verdad es que habría funcionado si ambos padres , UNIDOS, lo hubieran impulsado.

Lo que se requiere es un enfoque que permita a los padres que cooperen sin sentirse obligados a aceptar que nunca antes lograron hacerlo. La dieta para niños hiperactivos, llena el requisito anterior: permite a los padres que se zafen del anzuelo dando a entender que la conducta del niño no es consecuencia de la conducta de sus padres. A la vez, limpia y blanquea la imagen del pequeño: Antes era un villano, ahora es una víctima.

Finalmente (y esto es muy importante), la dieta ofrece un encuadre no amenazante dentro del que los padres pueden estructurar y estabilizar su relación con el niño. *La dieta retira toda la atención de lo que el niño hace, y la enfoca sobre lo que el niño come.* Las reglas y los límites, anteriormente difusos y vagos, quedan claramente definidos y el problema de hacer que se respeten es menos complejo y menos emotivo. Dentro de este encuadre, los padres pueden manejar sus responsabilidades ejecutivas en forma directa y eficaz. En pocas palabras, la dieta se convierte en un ejercicio de capacidades sanas y cuerdas para la educación del niño.

Se nos dice que en casi todos los casos, el pequeño coopera y no tarda en aprender a supervisarse a sí mismo: Aprende las virtudes de la auto-disciplina, que es el resultado final e idóneo de cualquier programa eficaz de educación.

Y habiendo dicho lo anterior, ¿sugiero que esos niños vuelvan a ingerir aditivos y salicilatos? No. Sugiero simplemente que se acredite el mérito al punto que realmente lo merece. Feingold hizo sonar la alarma con respecto a los aditivos artificiales y obligó a la comunidad científica a lanzar una mirada seria al daño que pueden estarle causando a nuestra salud y bienestar. Eso es excelente.

No obstante, todos los estudios e investigaciones controladas no han logrado probar concluyentemente que la dieta de Feingold tenga efectos positivos sobre la conducta de los niños hiperactivos. . . Como lo dije antes, quizás el problema estribe en cómo definimos quién es hiperactivo y quién no. Eso dejaría a miles de padres que han usado la dieta de Feingold con buenos resultados, en la posición de que, gracias a ella, han aprendido a ser mejores padres.

Creo que son esos padres quienes merecen el crédito por los adelantos y mejoras que describen. En el fondo, sé que estarán de acuerdo conmigo.

LOS SUPER-DOTADOS Y LOS TALENTOSOS.

Dotado significa tener una aptitud o capacidad natural, un talento. Y yo le aseguro que su niño tiene dotes y dones, el mío también, y todos los niños de Dios tienen dones, dones y más dones.

Todo ser humano nace con dones. Esta cualidad especial, aunque muy subestimada, mal entendida y peor usada, equipa a cada ser humano con el potencial para ser y lograr lo que le venga en gana.

Nuestra aptitud, nuestros dones, son como una semilla que debe comenzar a florecer con el nacimiento. Si el brote de esa semilla se nutre, florecerá y se volverá fuerte, y sus ramas se extenderán en múltiples direcciones para abarcar muchas cosas.

Por desgracia, todos parecemos inclinados a hacer hasta lo imposible para pasar por alto, reprimir y limitar este honor que Dios y la Madre Naturaleza nos concedieron. A menudo, hasta nuestros esfuerzos por mejorarlo resultan confusos o mal dirigidos.

Tomemos como ejemplo los programas especiales para " niños super-dotados y talentosos" de ciertas escuelas, creados para satisfacer las llamadas " necesidades educativas especiales" de estudiantes que muestran capacidades académicas sobresalientes, y que en realidad vienen a reforzar la creencia destructiva del mito de que "los dones y el talento " son escasos.

En ves de reconocer la capacidad, es común que estos programas la pasen por alto..Los niños participantes se eligen con base en sus calificaciones, cociente intelectual y apreciaciones de la maestra con respecto a motivación y liderazgo..De veinte estudiantes elegidos al azar, es probable que *uno* llene los requisitos, dejando a los otros diecinueve . . .¿ a qué? ¿A que sigan viviendo al día con su "falta de talento" y cómo se pueda?

Decir que un niño es super-dotado porque obtiene calificaciones de MB, y que otro no lo es porque saca S, es una forma de conducir y empujar a ambos niños a que crean falsedades sobre sí mismos.

En vez de ofrecerle a cada estudiante la oportunidad para que descubra sus propios talentos y encuentre formas creativas para desarrollarlos, con una arbitrariedad absoluta se hace una distinción entre los que supuestamente "tienen" y los que "no tienen".

Desde ese momento, los que "no tienen", deben resignarse a vivir con términos tales como "niño estándar o promedio", mientras que los que "tienen", son elevados a una posición especial dentro del sistema. Y a la larga, servir y dedicar honores a los que " tienen", les resulta nocivo en vez de útil.

Para empezar, la etiqueta de "Super-Dotado y Talentoso", reduce las expectativas del niño en vez de ampliar sus opciones, sus alternativas. No amplía su auto-imagen: La confina.

Ya en la prâctica, estos programas son aislacionistas, antisociales y antidemocráticos, además de caprichosos y carentes de bases reales. No hacen, a favor del niño "super-dotado", otra cosa que encerrar su auto-imagen dentro de una etiqueta, restringiendo el libre intercambio de información y talento entre los pequeños, y segregando a la minoría "privilegiada " de sus compañeros, obligândola a cumplir expectativas especiales.

En breve, yo siento que estos programas, más que enriquecer a los niños, los manipulan. A final de cuentas, todos sufren y los dones de los demás se menosprecian.

¡Qué ironía!

(P) *Por sugerencia de la maestra, llevamos a nuestra hija al psicólogo para que midiera su cociente intelectual (CI). Tiene seis años, y el psicólogo nos informó que es una niña super-dotada. ¿Qué podríamos hacer para nutrir sus capacidades en casa?*

(R) Decir que alguien es " super-dotado", es como decir que es "simpático". Ambos términos carecen de significado real; peor aún: pueden ser fuente de confusión y crear impresiones falsas.

Por ejemplo, si yo le digo que Fulanito es muy simpático, es muy probable que usted sienta deseos de conocerlo. Supongamos que cuando llega el día de presentárselo, Fulanito acaba de aventarse una bronca gigantesca con su mujer, amén de haber recibido una notificación judicial de que lo demandaron. Ante estas circunstancias, es posible que no sea tan "simpático". Seguramente saldrá usted de esa primera entrevista con la idea de que Fulanito es un hígado.

iracundo y mordaz.. Lástima que Fulanito no tenga un segunda oportunidad de lograr en usted una primera impresión de agrado. . . pero así es la vida..

La cuestión es que, si usted hubiera conocido a Fulanito la semana anterior, quizás hubieran terminado siendo grandes amigos.

Y con los "super-dotados" sucede lo mismo. Si la nena es " super-dotada", todo lo puede hacer muy bien:es creativa como Mozart, terriblemente egocéntrica y será una mujer famosa. ¿Así es ? Pues fíjese que no. Es probable que no sea nada de lo anterior.

"Super-Dotado" significa que sacó un buen puntaje en una serie de *tests* que requiere alrededor de tres horas de trabajo con preguntas y problemas. Dado que hacer una lista de todos los problemas posibles no tendría fin, los que se incluyen en este tipo de *tests* sólo son *representativos.* Por lo tanto, lo que hacen es nuestrear las habilidades y las capacidades generales de una persona.

Un promedio elevado de aciertos (un CI alto), sólo significa por sí mismo que la persona resolvió adecuadamente determinado grupo de *tests.* Nada más. No obstante, el puntaje se usa para *predecir y hacer profecías sobre la persona,* tales como lo maravillosamente bien que funcionará resolviendo otros problemas dentro de otras situaciones totalmente distintas. Pero el muestréo y los pronósticos que se hacen sobre dicho muestreo, tienen fallas intrínsecas.

Al igual que las encuestas, que suelen fallar casi siempre, una prueba de alto CI no es garantía alguna de que una persona sea creativa o de que todo lo hará bien. Igual que los tipos "simpáticos" , los "super-dotados " tienen altas y bajas, fallas y aciertos. Por ejemplo, alguien que tenga un puntaje alto puede ser bueno en aritmética, pero jamás podrá redeactar decorosamente un texto o tocar "Los Changuitos " en el piano.

El problema es que la gente que piensa en la criatura como "Super-Dotada", espera que escriba novelas de éxito mundial y que ejecute magistralmente las sonatas al piano ya sean de Beethoven o Liszt.

Si la criatura no hace cosas extraordinarias, quienes la rodean se sentirán engañados y cometerán el error de anunciar: "no es diferente a los demás ", cosa que tampoco es verdad.

La respuesta a la pregunta de qué deben hacer ahora que su hija obtuvo un alto puntaje en los tests de CI, que muestrearon su habilidad para resolver varios tipos de problema es : Nada. Déjenla vivir en paz según sus propios estándares, no de acuerdo con los ajenos.

LAS ESCUELAS ACTIVAS.

> **Su majestad se vé muy elegante con su nueva túnica gritaban los cortesanos. Nadie confesaba que no se veía nada sobre los hombros, porque lo tomarían como un tonto o perdería su puesto en la corte.**
>
> **De La Nueva** ***Túnica del Emperador,De Andersen***

- ¡Lo que sea con tal de lograr un buen cambio - dijo sacudiendo desesperadamente la cabeza.

Hablaba con una maestra jubilada que me concedió una entrevista para analizar su opinión sobre el estado ge-- ral de la educación. Durante sus veinticinco años de vida magisterial, la maestra había insistido en la necesidad imperiosa de lograr que los niños adquiriesen capacidades suficientes en lectura y aritmética.

- Nunca dí clases en una escuela abierta - comentó - pero las he observado mucho y, francamente, el concepto de la escuela activa tiene poco sentido para mí. Para empezar, en el aprendizaje *es esencial que los niños escuchen... y en las escuelas activas nadie escucha.*

No hacía falta mucho para convencerme. Seis años atrás, mi hijo Eric entró a primero de primaria en una escuela activa. Era un edificio precioso, nuevecito, atestado con equipo tecnológico de lo más avanzado: Centros audio visuales individuales, laboratorios químicos y biológicos, libros de aprendizaje y cuadernos de trabajo programados y hechos especialmente para esa escuela, acuarios, invernaderos y viveros pequeños, salones de música. . ..

Aquello era un verdadero carnaval de actividades, listo para recibir a doscientos setenta pequeños de primero a tercer años de primaria, que convivirían bajo el gigantesco domo transparente que techaba un espacio del tamaño de una bodega industrial.

Eric estaba fascinado; se levantaba con el alba y no recibí ni una sola queja suya sobre frustraciones respecto a sus maestros o su trabajo.

Yo me sentía complacido pero escéptico. Su salón de clases se parecía más bien un parque de diversiones. Reinaba el alboroto y el movimiento constante. La verdad es que el término " salón de clases " no era aplicable, ya que además del desorden infantil, sólo unos cuantos libreros y divisiones de fibracel de pocos centímetros de altura separaban a un grupo de otro.

Durante los siete meses en que Eric estuvo ahí, visité la escuela varias veces, pero jamás pude localizar su "salón " en aquella enorme y caótica área sin que alguien me orientase. El ambiente empeoraba la confusión. Creo que es la única vez en que me he sentido con " problemas de aprendizaje ".

Los entusiastas maestros de Eric repetían frases como

" el niño es el propietario de sus responsabilidades ", "autoevaluación " y "potencial de lectura ". Brillaban de gozo y jamás parecían afectados ni siquiera por un caso ligero de " un mal día ".

Me repetían que Eric era inteligente. Era creativo. Era un líder nato. Lograban que me sintiera muy bien. En legítima correspondencia, me guardaba mi escepticismo.

Hubo necesidad de mudarnos. Faltaban cinco semanas para que terminara el ciclo escolar, pero no hubo otra alternativa que empacar nuestras pertenencias y mudarnos.

Eric fue a dar con sus huesos a una escuela pública y tradicional, muy parecida a la primaria donde yo estudié. Cada clase tenía su propio salón y cada niño su pupitre. La escuela era tranquila y ordenada. Encontré el salón de Eric sin dificultad desde la primera vez. ¡Qué alivio verme curado de mi anterior disfunción cerebral!

Dos días después de iniciarse las clases, me citó la maestra. . . y no se anduvo con vueltecitas diplomáticas. No perdía tiempo ni desperdiciaba palabras.

- Eric no sabe leer y dudo que pueda pasar a segundo año.

¡El progreso ataca de nuevo! La experiencia que tuvo Eric no fue única ni universal. Son muchos miles de niños los que han sido sacrificados en aras de una idea que se queda muy lejos de su promesa original.

(Gracias a clases particulares y a un programa intensivo de regularización que le consumió todas sus vacaciones de verano, Eric ingresó a segundo año. Como capítulo final de esta historia, puedo agregar que un poco antes de sacarlo de la escuela activa, sus maestros me habían informado orgullosamente que Eric leía tan bien como cualquiera de sus compañeros).

A partir de una serie de estudios, de entrevistas con maestros, directores escolares, psicólogos, administradores de escuelas, padres de familia, pedagogos, más mi experiencia personal con Eric, estoy convencido de que las escuelas activas son un elefante blanco dentro del sistema educativo.

Las escuelas activas han despojado a muchos niños de su valioso tiempo y talento, para no hablar del precioso dinero de sus padres. El problema no es imputable a maestros o directores, sino al concepto en sí.

Por ejemplo, en el salón de clases de una escuela activa, no existe un sano espíritu de competencia. Los niños "buscan su propio nivel de logros ", y usualmente se les valora de acuerdo con metas (contratos) que ellos mismos ayudan a establecer. Todo eso suena muy bonito, pero la competividad es el núcleo de la vida en el mundo real, y la frustración es la espuela y el catalizador del triunfo. Sin el sentido de ser mejor que el de junto y el impulso de levantarse ante la derrota, sólo queda la mediocridad y el " potencial del niño " es tan absurdo como una cuenta de cheques que no tiene fondos.

Para muchos niños, el ambiente de la escuela activa tiene demasiados estimulos y alternativas. Exige que los pequeños se adapten a la ausencia de límites, tanto físicos como conductuales, y a un elevado nivel de distracciones visuales y auditivas. Y poco necesita el niño para desarrollar un nivel breve de atención, como para agravar el asunto con todo eso.

A pesar de todo, los niños de las escuelas activas sacan buen puntaje en los *tests* estandarizados de logros, al igual que los pequeños que están en escuelas tradicionales. Lo malo de esos puntajes es que no señalan que los estudios en cuestión, los *tests,* están profundamente contaminados por lo que los expertos en estadística llaman "errores de muestréo".

En la mayoría de los casos, las escuelas activas se ofrecen como *alternativas* del sistema educativo, lo cual significa que *son los padres quienes eligen la escuela activa.* En estas escuelas de alternativa, la población estudiantil no sólo suele ser más selecta, sino que los padres que las eligen por regla general están más involucrados en la educación de sus hijos que aquellos que no realizan el esfuerzo adicional de buscar algo nuevo.

Puede decirse lo mismo con respecto a los maestros que se aplican a enseñar en las escuelas activas. Es probable que sean más idealistas, entusiastas y devotos de su filosofía educativa particular, que los maestros poco selectivos con respecto a dónde ejercèn su profesión.

Los padres del niño que no vá bien en una escuela activa, harán bien trasladándolo a una escuela tradicional. En general, los pequeños que *permanecen* en las escuelas activas durante más de uno o dos años, son los que se adaptan bien a ellas. Eso conserva la *ilusión de equivalencia en los niveles académicos.* Las cifras estadísticas de inscripción demuestran que en los países del Primer Mundo, durante los últimos años ha habido un regreso masivo hacia la escuela tradicional.

Las escuelas activas tienen las cartas a su favor, ya que en teoría y sin considerar sus vicios ocultos, es más probable esperar logros mejores en ellas que en la escuela convencional. Pero permanece el hecho irrebatible de que *las escuelas activas permiten e incluso premian a los niños por lograr metas menores que aquellas que, por su capacidad, podrían alcanzar.*

En 1975, el doctor Robert Wright llevó a cabo un estudio minucioso con respecto a la educación activa en comparación con la tradicional (con controles para error de muestréo). Posteriormente, reportó en el *American Educational Research Journal* niveles académicos significativamente más elevados en la escuela tradicional.

Wright no encontró ninguna diferencia en *creatividad verbal o auto-estima* entre los niños de ambas categorías. Esto aminora las afirmaciones de los defensores de la escuela activa con respecto a que su enfoque "permisivo y auto-dirigido" conduce mejor hacia la creatividad y la auto-estima.

Pocas de las inovaciones culturales iniciadas en la década

de 1960 comenzaron con tantas promesas como la educación alternativa, y ninguna de ellas ha sido tan desalentadora.

Como muchos educadores lo confiesan, parte del problema es que las escuelas activas tienden a atraer individuos más interesados *en escaparse* de lo que consideraban un sistema opresivo de educación tradicional, que en definir y alcanzar objetivos educacionales concretos.

Probablemente haya sitio para la escuela activa dentro del sistema educacional, pero no se establecerá hasta que sus defensores se enfrenten a la realidad y descarten la premisa de que son capaces de hacerlo todo por los niños.

Cuando un niño haya aprendido los elementos básicos y elementales (aritmética, leer y escribir)·y desarrollado un sentido de responsabilidad digno de confianza, *puede ser que tenga sentido* activar y " abrir "" su experiencia educativa gradualmente. Sin embargo, en la mayoría de las escuelas activas, sueltan a los niños dentro de un encuadre obscuro antes de que, por su nivel natural de desarrollo, estén listos para manejar esa libertad. El daño es ligeramente menor cuando las escuelas activas se reducen solamente al nivel de la escuela primaria.

La educación de los niños es un campo donde los padres jamás deberían tener algo que temer, y donde los experimentos salen muy caros. . . principalmente para los niños.

Epílogo

Ya que inicié este libro hablando de mis hijos, me parece apropiado terminarlo igual.

Eric ya tiene doce años y medio y pasa una temporada en el campamento de futbol de la Universidad de Clemson. Estoy seguro de que se divierte mucho porque hace cuatro días que no se molesta en llamarnos por teléfono. Volverá bronceado y lleno de historias sobre sus proezas en la cancha de futbol. Luego, avanzará hacia un verano poblado de albercas, patines, bicicletas y amigos, antes de ingresar de nuevo a la escuela.

Amy, de nueve años, es toda risa y drama. Me asombra constantemente con la serie de personajes peliculescos en que se convierte según la situación: Frágil damita en apuros, Cisne agonizante, Corista, Intelectual esnob, Nena ingenua . . .

Aún con peligro de sonar presumido, voy a presumir. Eric y Amy son chicos de primera: Inteligentes, corteses, con buenos modales. sensibles, desenvueltos, creativos y curiosos. Pero lo más importante, es que son dos personas muy felices.

Hace nueve años, nadie hubiera creído que todo resultaría tan bien. Cuando Willie y yo nos enteramos de que Amy venía en camino, la vida con Eric todavía era un circo de tres pistas. Estaba en la plenitud de Los Terribles Dos Años. Vivíamos en el terror constante de su siguiente pataleta, dispuestos a hacer lo que fuera necesario con tal de evitarla o de extinguirla. No dormía ni una noche completa, pero aparentaba ser inmune a la fatiga, la cual era un estado crónico en sus pobres padres. ¿Y qué sucedió?

Lo que sucedió fue que Willie y yo hicimos varios cambios fundamentales en nuestra manera de pensar.

Por principio de cuentas, dejamos de devanarnos los sesos buscando la manera de tener contento a Eric; comenzamos a preguntarnos "¿Qué deseamos nosotros?" y a obtener lo que deseábamos.

Dejamos de dar vueltecitas psicológicas con Eric el Tirano y aprendimos a decir "No" cuando nuestro instinto (nuestra inclinación) nos lo indicaba. No tardamos en descubrir que, después de una protesta inicial, Eric demostraba sentirse más cómodo, feliz y seguro con un inconmovible " No " que con todas las anteriores explicaciones y técnicas diplomáticas de sus padres.

Nos tragamos unos cuantos "¿Ya lo ves? ¡Te lo dije"! y pronunciamos el ¡PORQUE LO MANDO YO!, agregándolo firmemente a nuestro vocabulario. Para quienes nos argumentan que "hay que dar razones para todo " tenemos la siguiente respuesta:

-- Ajá. . . y a veces la razón es **porque yo digo o porque lo mando yo.**

Decidimos que está bien que los niños lloren cuando quieren hacerlo y que sus padres se los permitan. Identificamos dos tipos de llanto: Uno se presentaba cuando Eric tenía dolor o estaba triste. En ese caso, lo consolábamos. El otro aparecía cuando el mundo no funcionaba de acuerdo a los caprichos de Eric. En esos casos, lo enviábamos a su habitación y lo dejábamos llorar hasta que se controlaba. 9 ¡Aleluya! 9 Comenzó a llorar menos y a enfrentarse controladamente a frustraciones menores y pequeños obstáculos.

Dejamos de emplear su impredecible estado de ánimo como un termómetro que determinaba nuestro bienestar.

Dejamos de preocuparnos por el futuro y nos concentramos en el presente de Eric. Dejamos de sentirnos culpables y de flagelarnos por nuestros errores, aunque seguimos cometiéndolos (y hasta la fecha lo hacemos).

Comenzamos a prestarle atención a nuestro matrimonio y a nuestro amor, como personas adultas. Restauramos el equilibrio de nuestra familia colocando a nuestro matrimonio en el centro. Nos dimos permiso para recetar algunas nalgadas como primer y no como último recurso y establecimos límites para el niño, aceptando la posibilidad de resultar "injustos". Y eso cambió felizmente nuestras vidas.

Espero haber logrado lo que me propuse con 9 ¡Porque lo Mando Yo! , haber sacudido sus pensamientos como padres de familia liberándolos del laberinto torturante de lo permisivo, y haber cooperado a que su vida familiar sea más feliz y satisfactoria.

Por último, me permito hacerles dos consideraciones:

Eduquen a sus hijos **a su manera.** *Tengan presente que las personas que escribimos libros y artículos sobre cómo educar a los hijos, podemos ofrecer ideas y sugerencias, pero no LA ULTIMA PALABRA. Si ustedes, como padres, no están de acuerdo,* **concédanse el beneficio de la duda.**

Y por último, aunque no en último lugar, algo que perdemos de vista cuando los niños organizan sus revoluciones: ¡Disfruten y sean felices!

Bibliografía

Brazelton, T..Berry - *Infants and Mothers : Differences in Development.* Nueva York: Delacorte Press / Seymour Lawrence. 1969.

Brazelton, T. Berry - *Toddlers and Parents :A Declaration of Independence.* Nueva York: Delacorte Press /Seymour Lawrence. 1974.

The First Year of Life. Revista *American Baby.* Octubre de 1980.

Furth, Hans G.- *Piaget and Knowledge.* Englewoods Cliffs, Nueva Jersey:Prentice Hall. 1969.

Furth, Hans G. *Piaget for Teachers.* Englewoods Cliffs, Nueva Jersey: Prentice-Hall.1970.

Keller, Martha A.- *The Myth of the Learning Disabled Child. Parent's Magazine.* Febrero de 1976.

Liga Internacional de la Leche- *The Womanly Art of Breast Feeding.* Franklin Park.1963.

Pearce, Joseph Chilton - *Magical Child..* Nueva York.E.P. Dutton. 1977.

Pryor, Karen - *Nursing your Baby*. Nueva York : Pocket Books. 1973.

Smith, Lendon - *Improving your Child's Behavior Chemis - try*. Englewood Cliffs, Nueva Jersey. Prentice-Hall. 1975.

White, Burton L. - *The First Three Years of Life.* Englewood Cliffs, Nueva Jersey. Prentice-Hall. 1975.

Williams, Jay- *The Cookie Tree.* Parents Magazine Books. Agotado.

Winn, Marie - *The Plug-In Drug.* Nueva York. Viking Press. 1977.

Wright, Robert - *The Affective and Cognitive Consequences - of an Open Education Elementary School. American Education Research Journal. 12: 449 - 68.*

INDICE ANALITICO

Adoptados,hijos 203,204,205,206
Agotamiento materno 53
Agresión Infantil 78,79,80,81,82
Amenazas 31
Aprendizaje,problemas de 219,220,221,222,223
Aprendizaje,problemas de por la T.V. 211,212,213
Aprobación,necesidad de 108
Autoridad 36,131,132,139

Baño,adiestrando al niño para ir al 137,138
Bebé,aprendizaje y logros del 63
Bebé,el sueño del 56,57
Bebé,impulso exploratorio del 61,62,63,64,65
Bebé,juegos con el 64,65

Bebé,malcriar al 55,56
Berrinches 84,85,86,145,146,147,148
Berrinches,un lugar especial para hacer 145,146,147,148

Cabezazos 148,149,150
Caídas,cómo manejar las 92,93
Cama,hora de irse a la 86
Cama,problemas para irse a la 87
Cambios,en la relación conyugal 54
Castigos-Culpa 45
Castigos indoloros 44,45,46
Celos 74,75,76,102
Chismosos,niños 187,188
Chupa-dedo,los nenes 167,168
Chupar,motivaciones en los niños mayorcitos para 166,167
Chupones 50,51
Cinco años, los niños de 109,116,117,118
Cociente Intelectual 232,233
Comida,exceso en la 163,164,165
Compartir,el arte de 100
Corralito,el 65
Corralito.resistencia al 66,67,68
Cuatro años,niños de 109

Demonio domestico,ángel escolar 121,122,123
Dependencia o independencia 108,127
Depresión post-parto 53
Desafiando a los padres 127
Desarrollo de los ocho a los dieciocho meses 58,59
Desorden,el 177
Desorden,remedios contra el 177,178
Destructivos,berrinches 151,152,153
Diferencias entre los padres 38,39
Disciplina 169,170,171
Disciplina en el sueño del bebé 57
Discursos y sermones 113
Disfunción cerebral minima 223,224
Dolor,cómo actuar ante el 93
Drácula,síndrome de 82

Economica,conciencia 124,125
Engaños,infantiles 104
Erección 103
Escuelas activas,las 234,235,236,237,238,239
Estrictos,padres 27,28
Ex-maridos,¿ex-padres? 200,201,202,203,

Fantasia,realidad y 95
Furia 152,153,154

Gatos y perros,el terror de 179,180,181
Gemelos 196,197
Gemelos,Individualidad entre 197,198
Genios,niños 230

Hablar,aprender a 90,91,114,115
Hiperactivos,dietas para los niños 227,228,229
Hiperactivos,los niños 223,224,225,226
Hogares divididos 198,199,200
Horario para dormir 87

Identidad,sentimiento de 60
Igualdad y democracia 26
Imaginación 98,99
Imaginarios,amiguitos 97
Inapetencia 161,162,163

Incertidumbre 73
Instinto maternal 51
Intelectual,el desarrollo 96

Juego con los niños 108
Juegos psicológicos de los padres 32
Juguetes,los 216,217,218,
Justicia 34,37,38

Limites para el niño 26,27,29
Llanto 51

Madre,como jefe de familia 24
Malcriados,niños 224
Mamitis 59,60,61
Masturbación 110
Matrimonio 22,54
Matutino,maratón 175,176,177
Mecer al bebé 52
Mensualidades,domingos 124

Mensualidades,domingos 124
Mentiras los niños y las 191,192,193
Metas,estableciendo 109
Miedo,el niño y el 93,94,95
Mímica e imitación infantil 101,102
Monstruos imaginarios 159,160
Moral,desarrollo 113
Mordelón,el niño 68,69
Mordelones,pre-escolares 83

Navegante,el pequeño 64
Nalgadas 29,30
Núcleo familiar,el 23

"Odio" en el preadolescente 130,131
Ordenes 32,139

Paciencia 81
Participación paterna 52,54,55
Payasadas 173,174,175

Pegones,niños 182,183,184
Pequeño hechicero,el 61,62,63
Pipí en la cama 142,143,144
Pipí,popó 137
Pleitos entre hermanos 194,195,196
Poder,lucha por el 140,141,142
Porque lo mando yo 32,33
Posesión,instinto de 106,107
Posesión,sentimiento infantil de 78,80
Pre-adolescencia 125,126,127,128,129
Premios y recompensas 41,42
Preocupación por el futuro 40
Primogénitos 186
Privacía,derecho infantil a la 112
Programas infantiles televisados 215,216
Protección exagerada 53
Psicológico,espacio 73

Rebeldía 123,127
Recién nacidos 49
Réferis,padres o 194,195,196,197
Reglas 28,29,39,43,44,178,179,184,185,186
Resentimiento infantil 34,35,36
Resistencia para ir a la cama 154,155,156,157,158,159

Respeto para el niño 26
Rifles y pistolas 181,182
Rivalidad entre hermanos 75,76,77
Robos infantiles 107

Seis anos,los niños de 116,117,118
Señas,comunicación a base de 91
Sexual,curiosidad 111
Sexuales,comparaciones 110
Sexuales,juegos 110
Siesta 88
Sobornos 42
Social,desarrollo 100,101,102
Sueño en el niño 154,155,156,157,158,159
Super sensibles,los niños 118,119

Talentosos y super-dotados 230,231,232
Tareas domésticas infantiles 124
Tartamudéo 98,99,100
Televisión,adicción a la 213,214
Televisión,la 209,210,211,212,213,214,215,216
Temores,el niño y los 93,94,95
Temperamental,el niño 77,78
Terribles dos años,los 69,70,86,90
Tiranía 28
Torpeza,tropezones 98
Tres años,los maravillosos 91,92,100,101,102,103,104

Viajes 171,172,173
Víctimas de otros niños 119,120
Villanos,victimas y 195,196

Esta obra, que consta de 5000 ejemplares más sobrantes para reposición, se terminó de imprimir el día 10 de Marzo de 1994, en los talleres de Editorial Libra, S.A. de C.V.